마음챙김 미술관

20가지 키워드로 읽는 그림 치유의 시간

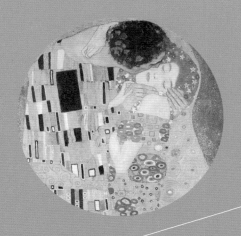

마음챙김 미술관

김소울 지음

타인의사유

프롤로그

그림은 참 재미있다. 붓으로 캔버스에 물감을 바른 것뿐인데 재료비의 수천, 수만 배 값에 팔리는가 하면, 보는 이의 기분이 좋아지기도 나빠지기도 한다. 아마도 그 속에 숨 쉬는 이야기들이 감동을 주고, 마음을 따뜻하게 콕콕 만져주기 때문 아닐까? 기껏해야 물감 덩어리들이 이런 기능을 할 수 있다니, 참 마법 같은 일이다.

그림이 걸려있는 곳, 그곳을 우리는 미술관이라고 한다. 그런데 이 책의 제목은 『마음챙김 미술관』이다. 최근 여러 분야에서 많이 언급되고 있는 마음챙김(mindfulness)은 원래 남방 불교권의 마음 수련법을 칭하는 말이었다. 그러던 것이 지금은 명상, 요가, 스트레스 관리, 심리치료 등 나를 챙기는 모든 분야에서 적극 도입되고 있다. 주어진 자극에 집중을 하고, 어떤 평가 없이 그대로 받아들이는 것. 또 그 받아들임을 통해 나의 마음을 관찰하고 알아갈 수 있는 것. 이것이 마음챙김의 핵심이다.
　　그렇기에 여기 '마음챙김 미술관'은 그림과 마음에 대한 이야기를 들려주는 곳이다. 그림을 판단 없이 봄으로써 나의 마음을 좀 더 분명하게 알아차리고, 나에게 온전히 집중할 수 있는 시간을 갖는 것을 목적으로 한다.

책은 크게 4개의 장으로 구성되어 있다. 첫 번째 장에서는 우리가 살아가면서 어쩔 수 없이 마주하는 다양한 선택에 대해 이야기한다. 우리의 감정과 생각, 태도 등이 주체적으로 선택할 수 있는 영역임을 환기시키며, 그 선택에 따른 책임에 대해서 찬찬히 살펴본다. 두 번째 장은 우리가 사회적 인간이기에 어쩔 수 없이 겪게 되는 인간관계에 대해 풀어낸다. 세 번째 장에서는 '나'란 존재에 대해 들여다본다. 결국 불행도 행복도 내가 바라보는 나의 태도에 따른 결과이기 때문이다. 마지막으로 네 번째 장에서는 자신의 삶을 조금 더 사랑하기 위해 실천할 수 있는 것들에 대해 이야기한다. 책의 흐름은 이렇게 구성되어 있지만 반드시 순서대로 읽을 필요는 없다. 목차를 훑어보고 마음에 와 닿는 문구가 있으면 그 페이지를 열고 읽어 내려가면 된다.

마음의 이모저모를 살피다 보니, 책에서는 자연스레 다양한 주제를 다루고 있다. 이에 나는 한 작가의 삶을 세밀히 들여다보면서 그 뒤에 감춰진 또 다른 이야기들을 이끌어내려 했고, 때로는 여러 그림을 펼쳐놓은 뒤 이를 관통하는 하나의 메시지에 주목하기도 했다.

작가들은 치열한 삶을 살면서 느낀 각자의 애환을 그림 속에 녹여냈다. 그것이 적나라하게 드러난 그림도 있지만, 삶의 이야기를 듣고 나서야 이해가 되는 그림들도 있다. 그러니 작가들의 삶의 흔적을 알아가고 이해할수록, 책에서 다루는 주제는 물론 그림에 대한 공감도와 몰입

도가 더 높아질 것이다.

　책에서 소개하는 그림을 접하다가 마음에 드는 작가가 있다면 관련 정보를 찾아보자. 다른 수많은 작품들이 등장할 것이다. 가슴을 울리는 이미지가 있다면 찰칵, 캡처하여 내 마음속 마음챙김 미술관에 하나 더 걸어놓아도 좋을 것이다.

　마음을 챙긴다는 것은 참 쉽지 않은 일이다. 특히나 해야 할 일이 너무 많고 주어진 역할이 자꾸 늘어나는 지금의 우리에게는 우선순위라는 것이 분명 존재한다. 그 까닭에 생계를 위해, 가족을 위해, 남들도 다 하니까 하는 그 무수한 것들을 수행하고 나면, 내 마음을 위해 쓸 시간도 여유도 없어지기 마련이다. 수많은 매체에서 '나를 위한 시간을 가지세요'라고 이야기하지만, 별도로 시간을 내기가 어려운 이유다.

　그래서 나는 그런 분들에게 온전히 나를 위해 집중할 수 있는 귀한 시간을 잠깐이나마 마련해 주고 싶었다. 잠들기 전, 혹은 카페에 앉아서 누군가를 기다리는 잠깐의 시간으로도, 나를 들여다보기엔 충분하다. 크게 애쓰지 않으면서도 나와 만날 수 있는, 마음챙김 미술관은 그런 곳이다.

마음챙김 미술관에서, 작가 김소울

1장

어떤 선택을 하며
살아가고 있나요

나는 나를 얼마나
알고 있을까

삶을 사는 이유에 대해 물어보면 사람들은 제각각 다른 답을 한다. 성공하기 위해, 가족의 건강과 평화를 위해, 스스로에게 당당한 내가 되기 위해 등 여러 가지 이유가 존재한다. 하지만 사실 이 말들은 하나의 대답으로 귀결될 수 있다. 한마디로 행복해지기 위해서이다. 우리는 행복해지기 위해서 살아가며, 나머지 것들은 행복을 위한 수단이 된다.

행복을 그린 화가로 잘 알려진 오귀스트 르누아르(Pierre-Auguste Renoir)는 그림 〈시골 무도회〉에서 행복한 표정의 두 남녀가 춤을 추고 있는 장면을 그렸다. 화가 자신과 그의 사랑하는 아내 모습이다.

그렇다면 행복하다는 것은 뭘까. 행복은 어떠한 감정이며, 사람들은 무엇을 통해 행복을 느낄까. 행복은 머릿속에 떠오르는 추상적인 개념일 뿐 실제로 눈에 보이거나 손에 잡히는 개념은 아니다. 심지어 우리 뇌의 신호체계에서 알려주는 전기자극의 환상에 불과하다. 집단이나 회사도 마찬가지이다. 예를 들어 삼성이라는 대기업은 하나의 체계이지만 삼성의 로고가 삼성인 것도 아니며, 삼성의 회장이 삼성인 것도 아니다. 삼성에서 나온 핸드폰이 곧 삼성인 것도 아니다. 이 역시 가상의 개념이

오귀스트 르누아르, 〈시골 무도회〉, 1883

며 우리 머릿속에 만들어진 환상의 대상이다.

그러나 신경전달물질로 인해 행복을 느낀다는 과학적 사실을 알고
난 이후에도, 우리는 병을 치료하는 목적이 아닌 이상 행복을 얻기 위해
약물을 이용하려 애쓰지 않았다. 대신 우리는 자신의 삶 속에서 발견할
수 있는, 그리고 만들어낼 수 있는 행복을 얻기 위해 오랜 시간 애써왔다.

사실 우리는 오랜 시간 집단생활을 하며 살아왔기 때문에, 우리가
느끼는 긍정적인 감정들이 '나'라는 개인의 행복에 의한 즐거움인지, 아
니면 사회가 요구하는 것을 수행했을 때 얻는 기쁨인지 잘 구별하지 못
한다. 왜냐하면 개인의 욕구는 사회적 욕구와 상당히 연관되어 얽혀있기
때문이다. 다른 사람의 욕구와 나의 욕구가 사회 속에서 섞이고 그 안
에서 또다시 나의 욕구가 발생한다. 다른 사람이 내게 원하는 것이 내가
원하는 것이 되고, 내가 바라는 것은 다시 누군가의 욕구에 영향을 미
친다. 개인의 욕구와 사회의 욕구는 구별되는 듯 구별되지 않는다.

사회 속에서 행복한 개인

시험을 잘 보면 기분이 좋다. 외운 것을 잘 맞췄다는 쾌감은 물론이고
그동안 갈고닦은 능력치를 확인하는 성취감도 있다. 또한 시험 점수를
통해 내가 어느 정도의 수준인지를 상대적으로 아는 기쁨과 다른 사람
으로부터 받을 인정에 대한 기대감이 동시에 느껴진다. 먹고 싶던 음식
을 먹을 때, 다이어트가 성공 궤도를 달릴 때, 운이 좋게 무언가에 당첨
되었을 때, 연애를 하게 되었을 때, 기분 좋은 선물을 받았을 때, 승진했

카미유 피사로, 〈퐁투아즈의 봄〉, 1877

을 때, 아이가 한 스텝 한 스텝 성장했을 때 등 행복을 느끼는 기준은
무수히 많다. 그리고 이 순간 대부분의 사람들은 개인적–사회적 만족
감을 동시에 느낀다.

왼쪽 그림을 보면 하얀 꽃이 흐드러지게 피어있고, 포근해 보이는 봄바람이 오래되어 늘어진 나뭇가지들을 살랑살랑 흔들고 있다. 카미유 피사로(Camille Pissarro)의 대표작 중 하나인 〈퐁투아즈의 봄〉이다. 카미유 피사로는 프랑스의 인상주의 화가이다. 대중적으로는 마네나 고흐만큼 알려져 있지 않지만, 인상주의가 세상에 태어나고 화가들이 인상주의 전시회를 열던 그때에는 많은 화가들의 멘토이자 리더였다. 폴 세잔과 폴 고갱 역시 피사로가 자신의 스승이었다고 말한 바 있다. 어렵게 작품 활동을 하는 인상주의 화가들과 재정적인 분담을 함께하고자 노력했으며, 여덟 번 개최된 인상주의 전시회에 모두 참여하면서 인상주의 미술에 있어 가장 주요한 인물 중 한 명으로 손꼽힌다.

피사로의 초기 작품들은 대중들로부터 거의 인정을 받지 못했다. 그러나 살롱과 평론가로부터는 높은 평가를 받았고, 이는 다른 인상주의 화가들이 꿈꾸던 것이기도 했다. 그런 면에서 그는 혼자서 모든 명예를 독차지할 수도 있었지만, 다른 화가들을 챙기고 돕는 일을 멈추지 않았다.

경제적으로 여유로워서 선택한 활동은 아니었다. 부유한 집안에서 태어나 어려움 없이 자라긴 했지만, 부모님을 모시던 하녀와 같이 살기로 결심하면서 집에서 쫓겨나 가계를 꾸려야 했기 때문이다. 그럼에도 동료들을 위해 자신의 집과 음식, 그리고 물감을 선뜻 내주었고, 동료 화가들에게 조언을 아끼지 않았다. 후배 양성에도 힘썼다. '내가 누군가에게 도움이 되고 있다'는 공헌감을 느끼며 사회 속에 살아가는 존재로서의 행복을 추구했던 것이다.

하지만 안타깝게도 이러한 감정이 무한히 지속되는 경우는 거의 없다. 행복은 찰나의 감정이며 이내 곧 사라진다. 선물을 받고 나서 시간이 지나면 선물로 인해 얻은 기쁨은 희석되며, 시험을 잘 보았더라도 다음 시험을 망치면 기분이 나빠지는 것은 금방이다. 연애를 시작해서 기분이 좋았다가도 연인과 심하게 싸우느라 전보다 불행해질 수도 있다. 나와 사회의 욕구가 모두 얽혀있는 행복을 추구하는 것은 너무나도 어려운 일처럼 보인다.

유동적인 행복의 수치

폴 고갱 역시 마찬가지였다. 폴 고갱은 피사로가 특별히 아끼던 후배였는데, 간단한 선으로 이루어진 스케치 〈피사로와 고갱〉을 함께 그릴 정도였다. 이 작품은 한 종이에 두 작가가 서로를 그린 모습이 담겨있는데, 작가들이 같은 모델이나 풍경을 보고 함께 작업한 그림들은 종종 남아있지만, 한 장의 그림에 서로를 그린 작품은 희귀하다.

　　고갱은 다니던 회사를 그만두고 마흔이 다 된 나이에 미술을 시작했다. 전업 화가가 되면서 인생의 진정한 행복을 만난 듯했지만, 경제적 문제와 평론가들로부터의 혹평이 그를 좌절시켰다. 빈센트 반 고흐의 초대를 받아 그와 함께 작업하러 들뜬 마음으로 아를에 도착했지만, 몇 달 만에 서로간의 갈등이 커지면서 실망감을 안고 그곳을 떠나기도 했다. 그 이후에도 고갱은 크고 작은 사건을 계속 겪으며 행복과 좌절 사이에서 오랫동안 힘겨워했다.

　　한 번 얻은 행복감을 유지하는 것은 왜 이렇게 힘든 것일까? 분명

폴 고갱 & 카미유 피사로, 〈피사로와 고갱〉, 1883

학창 시절에는 적은 용돈을 쪼개 쓰면서도 재미있었는데, 이제는 그때의 몇 배를 더 쓰면서도 만족스럽지 않을 때가 있다. 고등학생 때에는 하루에 10시간씩 앉아서 공부하던 것이 당연했는데, 성인이 되니 8시간씩 앉아 일하는 것도 고역이다. 쓸 수 있는 돈과 시간이 더 많아졌는데도 행복이라는 대상은 가까이에 있는 것 같지 않다.

행복의 방법이 분화되고 있다

그렇다면 어떻게 해야 행복해질 수 있을까. 리처드 도킨스는 자신의 저서 『이기적 유전자』에서 동물은 유전자를 운반하는 기계라고 표현한 바 있다. 유전자는 꽃, 강아지, 새, 인간 등 다양한 모습으로 생존하며 이 생존을 이어가는 것이 유전자의 맹목적인 목적이다. 생존이나 번식에 위험한 상황이면 우리에게 공포나 불안의 감정을 느끼도록 하고, 이와 반대되는 상황에서는 행복을 느끼도록 한다는 것이다. 달콤한 음식을 먹고, 좋은 성적을 받고, 사랑을 받게 되는 상황에서 인간은 행복을 느낀다. 이 말은 인간이 마치 번식과 자신의 신체 건강에만 국한되어 감정을 느끼는 것처럼 해석될 수도 있지만, 좀 더 확장하여 들여다보면 '우리'를 지키려 한다는 점에서 그 맥락은 같다. 현대 사회에서 '우리'는 인류 전체가 되기도 하지만, 자신의 나라, 자신의 가족, 자신의 전문 분야 등 그 개념이 다양해졌기 때문이다.

큰 프레임은 이렇게 설정되어 있지만 현대를 살아가는 인류는 각 개인마다 다른 방식으로 행복의 감정을 얻는 체계가 마련되어 있다. 과거 집단생활을 하는 동안에는 크게 구체적으로 직업이 분화되지 않았지만, 지금의 현대 사회에는 적성, 재능, 감성 등에 따라 직업이 분리되어 있고, 사회의 요구와 더불어 자기 스스로 그 직업을 가지고 싶다는 의지가 선택을 하도록 이끈다.

르누아르의 〈가브리엘, 장, 그리고 어린아이〉에는 화가의 아들과 유모가 행복한 시간을 보내는 모습이 담겨있다. 리처드 도킨스가 말한 유전자적 관점이나 전통적으로 내려온 행복의 기준에 대한 가치관을 그대로 보여주는 모습이 아닐까 싶다. 이런 것들이 지금도 의미 있는 행복의 기준 중 하나임은 분명하다.

그러나 사회가 바뀌고 있다. 최대한 아이를 많이 낳고 집단 안에서

오귀스트 르누아르, 〈가브리엘, 장, 그리고 어린아이〉, 1895

생존시키는 것이 과거 우리의 목적이었다면, 이제는 아이를 계획적으로 낳으며 자신의 삶의 양식에 맞춰 함께 성장하는 것에서 행복을 느낀다. 일부는 자신의 유전자를 남기는 것이 아니라 부부간의 유대와 사회적 역할을 더 중시하며 딩크 부부로 지내기도 한다. 나와 같은 생각과 재능을 가진 후배들을 육성해 나가는 것도 '우리'를 지키는 방법 중 하나이다. 이렇게 사회 전체의 욕구와 나의 욕구는 종합적으로 아주 다양한 형태의 행복이라는 감정을 만들어낸다. 각자 느끼는 행복이 분화되기 시작한 것이다.

나의 행복감 포착하기

이 때문에 자신이 구체적으로 어느 순간에 어떤 과정을 통해 행복을 느끼는지 아는 것이 매우 중요하다. 주변 사람과 비교해 상대적으로 느끼는 행복이 자신에게 더 중요한지, 누군가에게 도움이 되었다는 사회적 공헌감이 더 중요한지, 고통을 벗어나며 느끼는 보상심리가 행복감을 주는지, 소속감에서 오는 안전함이 행복으로 느껴지는지, 강렬한 운동을 하거나 달고 매운 음식과 같은 자극이 행복으로 다가오는지 등등 말이다. 자신이 무엇을 원하는지를 좀 더 분명하게 알게 되면, 최종적으로는 자신의 행복감을 상승시킬 방법도 알게 된다. 행복에 반하는 요소는 줄이고 행복감을 느끼게 하는 요소에 더 자주 노출시킬 기회를 만들 수 있기 때문이다.

행복에 대한 구체적인 상황이 그려지고 나면 '나는 왜 사는가?'라는 어려운 질문에 대한 답도 보이기 시작한다. 우리가 살아가는 궁극적 이유는 '행복하기 위해서'이므로, 나의 행복함을 구체화한다면 막연했던 사는 목적도 조금은 더 명확해질 수 있다. 이때 행복의 감정은 하루에도 짧게 여러 번 느껴졌다가 휘발되기도 한다. 그러니 지금 이 순간부터 느껴지는 작은 행복감을 더 열심히 들여다보자. 그냥 흘려보내지 말고 조금 더 애정을 가지고 집중할 시간이다.

"나는 행복해하고
있어요"

감정은 어떤 현상이나 사건을 접했을 때 마음에서 일어나는 느낌이나 기분을 일컫는 단어이다. 감정은 감각과 달리 주관적인 현상이다. 그렇기에 현재 진행형(ing)과 감정 형용사를 함께 사용하면 안 된다. 감정은 동작과 행위가 아니기 때문이다. 그래서 'I am being happy(나는 행복해하고 있어요)'라는 말은 문법적으로 틀리다는 게 영문법을 배울 때의 기초지식이었다. 그러나 현실치료라는 단기심리치료법에서는 이러한 틀린 문법을 적극적으로 사용한다. 감정을 행위하는 주체를 '나'로 설정하는 과정을 통해, 신념을 선택하고 그로 인해 감정과 행위를 선택하는 것 역시 스스로의 선택이라는 사실을 인식할 수 있기 때문이다.

다음 페이지에 나오는 에드바르트 뭉크(Edvard Munch)의 그림 속 여성은 격렬하게 자신의 감정을 느끼고 있다. 대부분의 사람들이 이 그림을 통해 슬픔의 감정을 읽어낸다. 그렇다면 이 여성은 슬픈 것일까, 슬퍼하고 있는 것일까?

앞서 말한 현실치료는 '선택이론'이라는 심리학 이론에 바탕을 둔다. 선택이론은 우리가 내리는 선택이 내적으로 동기화된 것이라고 설명

에드바르트 뭉크, 〈울고 있는 누드〉, 1914

하는 이론으로, 이는 외부의 자극에서 행동의 동기를 찾는 자극—반응 이론과 반대 개념이다.

선택이론에서는 우리가 행동하는 것, 좋고 나쁘고를 결정하는 것, 효율적이고 비효율적인 것을 결정하는 것, 정상적인 것과 비정상적인 것을 구분하는 것, 이런 모든 것들이 우리 내면의 욕구를 충족시키기 위함이라고 본다. 따라서 인간은 누구나 자신의 삶의 주인이 될 수 있으며, 자신의 삶을 통제할 수 있을 때 행복함을 느낀다.

이런 까닭에 현실치료에서는 '나는 행복해하고 있다'라는 용어를 사용하도록 한다. '나는 행복하다'는 내가 행복한 상태임을 표현하는 데 그칠 뿐이다. 반면에 '나는 행복해하고 있다'는 내가 감정의 주체로서 적극적으로 행복함을 행위하고 있다는 것을 보여준다. 내가 나의 행동과 생각에 대해 확신을 가지고 움직인다면, 나는 내 감정을 분명히 선택할 수 있다.

어떤 선택을 할 것인가

누군가는 적당함에 만족하며 사회적 흐름에 따르기도 하지만, 누군가는 자신의 신념과 일치하지 않는 삶을 사는 것을 불편해한다. 괴리감이 느껴지지만 당장의 안락함을 선택할 수도 있고, 괴리감을 없애기 위한 행동을 취할 수도 있다. 생각과 행동은 우리의 조절하에 있으며 수반되는 감정도 그에 따라 함께 선택 가능하다. 이런 면에서 독일의 작가 게르하르트 리히터(Gerhard Richter)는 삶에 안주하기보다 자신에게 솔직해지는 쪽을 선택한 사람이다.

1932년 독일의 드레스덴 출신이었던 그는 어린 시절을 동독의 사회주의 이념 아래에서 성장했다. 그가 일곱 살이 됐을 무렵 2차 세계대전이 발발했고, 교사로 일하던 그의 아버지에게 나치당의 가입 강요가 있었다. 신념을 지키며 살아갈 것인가, 지금의 흐름에 맞게 나치당에 들어갈 것인가를 고민하던 그의 아버지는 끝내 나치당에 가입하고 만다. 긴 전쟁이 언제 끝날지 모르는 불안한 상황에서 신념이 아닌 상황에 따른 선택을 했던 것이다. 그렇게 가족의 안전을 위한 선택을 했지만, 전쟁이 끝났을 때 나치당원이었던 교사를 채용해 주는 학교는 없었다.

15세 때부터 예술가의 길을 걸었던 리히터가 배운 미술의 기본 역시 '나'를 감추고 인민을 위한 그림을 그리는 것이었다. 동독에서 추구한 사회주의적 리얼리즘의 영향이었다. 벽화를 주로 그리던 그는 사랑하는 여인 마리안느(Marianne Eufinger)를 만나 결혼한 뒤, 부유했던 처가 덕에 경제적으로 안정된 삶을 살면서 그림을 그릴 수 있었다. 하지만 그는 자신의 예술에 '진짜'가 빠져있다는 것을 깨닫게 된다. 그리고 동독에서는 자신이 원하는 예술을 해나갈 수 없음을 느낀다.

게다가 리히터는 충격적인 사실을 알게 된다. 나치 시절, 리히터의 이모 마리안느는 조현병 증세를 보였다. 나치당은 유전적으로 결함이 있는 사람들이 더 이상 대를 잇지 않도록 불임수술을 강행하거나 안락사를 시켰는데, 리히터의 이모 역시 나치당의 정책에 의해 사망한 상황이었다. 그런데 알고 보니 이 일을 주도했던 의사 중 하나가 자신이 사랑하는 아내의 아버지였다.

사회적 흐름에 따를 것인가, 신념을 따라갈 것인가. 이 고민은 리히터의 아버지가 나치당 가입을 앞두고 끊임없이 하던 것이었다. 그의 아버지는 사회적 흐름에 따랐던 자신의 선택을 눈을 감을 때까지 후회했다. 이에 리히터는 후회하지 않기를 선택하고 아내와 함께 서독으로 탈출한다.

감정의 불확실성

감정은 불확실하다. 수백 가지의 감정 단어 중 오직 한 가지 단어로만 지금의 상태를 표현하는 것은 불가능하다. 예를 들어 슬픈 감정과 우울한 감정, 그리고 좌절의 감정이 한데 섞여 발생하기도 하고 그 중간 어디즈음에 위치하기도 한다. 슬픔이라는 감정의 깊이도 개인에 따라 모두 다르다. 안쓰러운 마음의 슬픔도 있고, 스스로 생을 마감할 정도의 슬픔도 있다.

리히터의 작품에는 그런 감정의 불확실성과 모호함이 드러난다. 사진은 진실을 담는다. 그러나 우리는 극사실적으로 그린 그림을 보고 '사진 같다'고 표현하며, 몽환적인 느낌으로 찍힌 사진을 보며 '그림 같다'고 설명한다. 어떤 것이 진실인지 뒤섞어 버리는 것이다. 우리의 기억도, 신념도, 감정도 그렇다. 그렇기에 리히터는 사진을 극사실적으로 따라 그린 후 브러시로 문질러 사진이 아니게 만들었다. 리히터는 어떤 이데올로기도 추구하지 않았다. 그가 원한 것은 나 자신으로 있을 수 있는 것, 그리고 자유였다. 그렇기에 그의 초기 작품들은 실제와 추상의 그 중간 즈음에 위치하고 있다.

게르하르트 리히터, 〈두 개의 촛불〉, 1982

사진이 주는 확실성에 회화의 손길이 더해져서 탄생하는 비현실성은 그리스의 철학자 플라톤이 던지던 질문과 연결된다. 동굴 속에서 살고 있는 사람들은 밖에 지나가는 사람들의 그림자만을 동굴에서 접할 수 있다. 그렇다면 그들이 바라보는 그림자는 실제 사람이 아니라 그것을 표방한 2차적인 존재일 뿐이다. 우리가 바라보고 인지할 수 있는 이 세계는 모두 이데아의 그림자일 뿐이라고 생각했을 때, 촛불은 이데아의 그림자에 불과하다. 그렇다면 이데아의 그림자인 촛불을 다시 캔버스에 옮긴 그림은 그림자의 그림자일 뿐이라는 게 플라톤의 의견이었다.

리히터는 이 두 그림자의 중간 단계를 회화로 완성하였다. 19세기에 사진기가 발명되면서 회화는 이제 불필요한 존재처럼 보였다. 그러나 인상주의 예술가들은 시시각각으로 변하는 빛을 캔버스에 담았고, 입체주의는 대상을 다양한 관점으로 바라보고 해체하여 다시 캔버스에서 조합했다. 덕택에 우려와는 달리 오히려 회화는 전성기를 맞이한다. 그러다 20세기 중반, 다시 위기가 찾아왔다. 설치미술과 개념미술, 퍼포먼스 미술이 주류로 떠오르면서 평평한 캔버스에 유화 물감을 바르는 것은 더 이상 무의미해 보였다. 서독으로 떠났던 리히터는 서독의 아방가르드 미술들을 접하면서 주류 미술을 표방하려는 시도를 했지만, 곧 그는 그것이 진짜 '나'를 표현한 것이 아님을 깨달았다.

'나'를 만나기 위한 감정의 선택

그 결과 리히터의 삶에 있어서 또다시 과거와 비슷한 선택의 고민이 찾아온다. 신념보다는 사회적 흐름을 따를 것인지, 자신의 신념과 감정에 충실할 것인지. 이때 뒤셀도르프 예술학교의 조소과 교수였던 요셉 보이스(Joseph Beuys)의 작품 세계가 리히터에게 큰 영향을 미치게 된다. 요셉 보이스는 전쟁 당시 자신이 타고 있던 비행기가 추락하여 목숨을 잃을 뻔한 위기에 처했다. 그때 원주민들이 그의 몸에 지방덩어리를 바르고 펠트 천으로 두른 후 전통 썰매에 싣고 마을로 옮겨 그의 생명을 구했던 사건이 있었다. 이후 그에게 가장 중요한 소재는 그의 삶을 다시 태어나게 해준 지방과 펠트, 그리고 썰매였다.

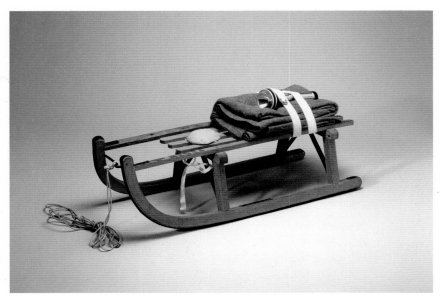

요셉 보이스, 〈썰매 No.2〉, 1970~80년대

게르하르트 리히터, 〈책 읽는 사람〉, 1994

리히터는 다시 자신의 삶을 그려내기 시작한다. 마리안느 이모를, 자신의 아내를, 나치 정권 아래에서 정신질환자들의 불임수술 프로젝트를 기획한 지도자의 얼굴을 그려낸 것이다. 동독 정권 아래 사회주의 리얼리즘 벽화를 그리고, 서독 뒤셀도르프 예술학교에 와서 주류 예술을 흉내 내던 리히터의 작품 세계가 시작되던 순간이었다.

긍정적인 감정만이 선택의 대상은 아니다. 부정적인 감정도 그것이 '나'라면 선택될 수 있다. 다만, 그것이 자신의 삶의 질을 높이는 데 도움이 되는가는 별개의 문제이다. 그리고 우리가 스스로의 감정을 선택할 수 있다는 것을 알았다면, 이제 선택한 감정이 나에게 어떤 영향을 미치는가에 대해 생각해 볼 차례이다. 그 감정을 선택하려는 이유는 무엇일까. 또 그 감정을 통해 어떤 상태가 되기를 원하는 걸까. 또 그 감정을 통해 나는 나에게 진실해질 수 있는 것일까. 그럼 다시 질문해 보자. 나는 오늘 어떤 감정을 선택하며 보내고 싶은가?

선택한 것과
선택하지 않은 것

매 순간 우리는 어떠한 선택을 하게 된다. 경제적 관점에서는 가장 효율이 높은 것을 택하게 되고, 삶의 과정에 있어서는 가장 가치 있다고 여기는 것을 고르게 된다. 안타까운 것은 여러 개의 선택지 중에 하나를 선택할 때, 결국은 희생이 뒤따른다는 것이다. 내가 고르지 않은 것, 내가 포기한 것들에 대한 아쉬움과 후회는 언제나 남기 마련이니까. 포기해야 하는 기회에서의 최대가치라는 점에서, 우리는 이를 '기회비용'이라고 부른다.

그렇다면 우리는 선택에 따르는 리스크를 어디까지 감당할 수 있을까? 그리고 그 포기의 대가가 달콤하지 않을 경우 어디까지 받아들일 수 있을까? 이것은 자신이 중요하다고 믿는 삶의 가치와 신념에 따라 구체적으로 달라지기 마련이다.

고대 그리스어에는 '시간, 때'를 나타내는 2개의 단어가 있다. '크로노스'와 '카이로스'이다. 크로노스는 과거—현재—미래로 연속하여 흘러가는 객관적이고 정량적인 시간이며, 연대기를 뜻하는 영단어 크로니클(chronicle)이 여기에서 유래되었다. 반면 카이로스는 인간의 목적의식이

프란체스코 살비아티, 〈카이로스〉, 16세기

개입된 주관적이고 정성적인 시간이다. 적절한 순간, 즉 기회를 의미한다.

그리스 신화에서 카이로스는 기회의 신으로 그려지고 있다. 프란체스코 살비아티(Francesco Salviati)의 그림을 보면, 뒤통수는 매끈하고 앞머리만이 무성한 남자가 저울을 들고 있다. 기회의 신 카이로스이다. 앞머리가 무성하다 보니 눈앞을 가린 탓에, 눈앞에 있어도 못 보거나 그냥 지나치기 쉽다. 뒤통수가 매끈한 탓에 지나쳐버리면 다시 잡기도 힘들다. 그러나 그 기회가 나의 것임을 알아본다면 무성한 앞머리를 잡아채듯 그 기회를 잡는 것 또한 어렵지 않을 것이다. 카이로스의 등에는 큰 날개가 달려있는데, 자세히 보면 발에도 날개가 달려있다. 기회는 그만큼 빨리 나로부터 멀어진다는 것이다. 카이로스가 들고 있는 저울은 지금의 기회와 다른 기회에서 생겨나는 기회비용의 무게를 면밀히 재고 있고, 저울과 함께 그의 손에 들린 칼은 기회를 잡고 선택을 향하는 결단을 의미한다.

화가가 되기를 선택하다

프랑스의 후기 인상주의 화가 폴 고갱(Paul Gauguin)은 30대 중반까지만 해도 프랑스의 한 증권거래소에 다니고 있던 평범한 남자였다. 아내가 있었고 아이가 있었다. 그림을 좋아했지만 현실적인 부분을 고려하여 주말에 틈틈이 취미미술을 하던 여유로운 사람이었다. 인상주의 화가들의 그림을 좋아했고, 틈틈이 비싼 그림은 아니지만 그림을 사 모으는 콜렉터이기도 했다. 화가가 되고 싶다는 생각은 했지만 꿈이라는 것은 대부분의 사람들이 그러하듯 현실 뒤에 머무르는 존재였다.

　그러나 그림을 접하는 시간이 길어질수록 그림에 대한 그의 애정은 열정으로 변하게 된다. 안정적인 가정과 일, 그리고 꿈. 이 두 가지를 병행하며 지낼 수 있다고 생각한 그였지만, 그림을 그리면 그릴수록 아버지로서, 남편으로서의 자신보다 예술가로서의 자신의 가치에 더 무게를 둘 수밖에 없었다. 35세가 되던 해, 그는 돌연 가족들에게 전업 화가가 되겠다는 선언을 한다. 그리고 그 선택으로 인해 여태 쌓아온 가정과 직장을 잃을 수밖에 없었다.

　증권거래소를 그만둔 고갱은 프랑스의 인상주의 화가 카미유 피사로(Camille Pissarro)와 친분을 쌓으며 인상주의 작가들과의 교류를 할 수 있게 되고, 혁신적인 그림을 통해 파리를 뒤흔들겠다는 야망을 세우게 된다.

　〈아를의 여인들〉은 고갱이 그리려고 했던 혁신적인 미술의 방향성을 아주 잘 보여주고 있다. 아를의 노란 집에서 빈센트 반 고흐와 함께 작업을 하던 시기의 작품으로, 움직이는 듯한 카메라 앵글이 왜곡된 공간과 시점을 한 장면에 그려내고 있다. 원근법이 적용되지 않는 구도와 불타오르는 원색의 붉은 바닥 색은 그동안 르네상스 이후 화가들 사이에서 약속되어 왔던 형태, 비례, 구도를 모두 거부하고 있다. 당시 유행했던 인상주의 화가들의 짧은 붓 터치나 움직이는 듯한 빛의 포착과도 전혀 다른 방식으로 그려졌다. 고갱은 원시적이면서도 비현실적인, 그리고 단순하면서도 명확한 방식의 새로운 작품 세계를 열고 있었다.

　그의 그림을 보면, 검은 옷에 어두운 표정의 여인의 머리에 뿔이 나있고, 전면의 숲은 모두 직선으로 그려져 있다. 숲은 화가 난 사람 얼

(위) 폴 고갱, 〈아를의 여인들〉, 1888 / (아래) 빈센트 반 고흐, 〈아를의 여인들〉, 1888

굴처럼 보이기도 하고, 원시적인 동물의 모습이 보이기도 한다. 또한 이 그림의 모티브는 아를의 여인들이지만, 매서운 추위와 겨울바람을 피하기 위해 몸을 한껏 숙이고 머리에 숄을 두르고 있는 모습에서 차디찬 겨울의 느낌이 난다.

비슷한 구도의 같은 제목을 가진 빈센트 반 고흐의 그림과 비교해 보면, 그 차이가 더욱 극명하다. 빈센트 반 고흐는 자살로 생을 마감하기 2년 전 〈아를의 여인들〉을 그렸는데, 이때는 이미 작품 세계의 완성도 측면에서 전성기에 도달한 시기였다. 반면 고갱은 여전히 어떤 길을 선택해야 하는지에 대해 싸워가고 있는 중이었다. 고갱은 당시 자신의 선택이 옳은지, 그리고 그에 따른 기회비용에 대해 괜찮은 것인지 스스로에게 의구심을 품고 불안해하고 있었기에, 그런 내적 자아의 고민이 그림에 담겼다고 해석되기도 한다. 자신이 예술가로서 경제적 활동을 하거나 살롱으로부터 인정받을 것이라는 확신이 없던 시절, 그에게 전업화가로의 전향은 상당히 불안정한 선택이었던 것이다.

그런 그의 불안감이 확신으로 변하는 과정은 고갱이 타히티섬으로 떠나기 직전에 그린 〈황색 그리스도〉를 통해 확인할 수 있다. 이 작품은 새로운 도전을 위해 발걸음을 내딛을 때 느꼈던 심리적 부담감을 고스란히 나타내면서도, 자신의 예술 활동에 대한 믿음을 함께 담고 있다.

그는 예술이라는 것이 초월적이고 보이지 않는 세계를 중개하는 역할을 한다는 점에서 종교와 비슷하다고 생각했다. 그림 속 예수님은 지금 괴로워하고 있다. 독실한 신자도 있고 무신론자도 있기 때문에 마음이 늘 무겁다. 고갱은 이 부분에서 자신의 모습을 읽었다. 고갱의 예술에 대해 신선한 예술이라며 작품을 지지해 주는 사람도 있었지만 근본

폴 고갱, 〈황색 그리스도〉, 1889

없는 예술가라고 비난하는 사람도 있었다. 그렇기에 고갱은 예수님처럼 소명을 이루기 위해 자신의 인생을 전부 바쳐 예술을 하겠다는 다짐을 그려 넣었다.

숭고한 주제이지만 그림체는 투박하다. 그는 붓 터치와 색의 사용에 있어 그의 마음속에서 꿈틀대는 원시의 무엇인가에 대한 갈망도 함께 담았다. 불안정하고 고독한 예술을 선택한 자신의 모습이었다. 고갱은 자신이 느꼈던 예술과 미래에 대한 불안감을 이 한 장의 그림으로 잠식시킨다. 선택을 존중하면서도 그 선택의 결과가 외면당할 수 있다는 것에 대해서 대비하게 된 것이다.

더 특별한 작품의 공간, 타히티

그는 더 새로운 예술을 위해, 더 하나뿐인 그림을 위해, 유럽이 아닌 원시의 섬 타히티로 떠난다. 그리고 그들과 함께 삶을 공유하고 그림을 그리며 살아갔다. 유럽에서도 미술의 중심지였던 프랑스에서 살아온 그에게 원시부족들과 어울려 삶을 공유한다는 것은 쉽지 않은 선택이었다.

고갱은 타히티 여인들의 삶을 여과 없이 그림 속에 담아내기 시작했고, 그곳에서 2년이라는 시간을 보낸 후 다시 파리로 돌아온다. 고갱은 파리에서 그의 그림이 인정받기를 기대했다. 인상주의 화가의 짧은 붓 터치와 부서지는 듯한 그림을 보며 새로운 그림이라고 환호했던 대중들이 그의 그림에서 더 큰 반응을 보일 것이라 예상한 것이다. 그러나 그의 거칠고 투박한 그림들은 당시의 대중에게도 그리고 살롱에서도 그다

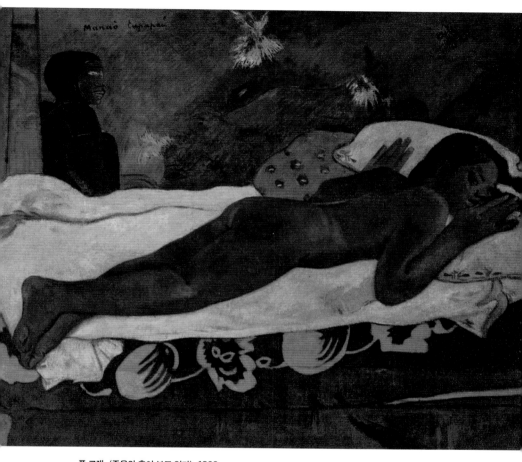

폴 고갱, 〈죽음의 혼이 보고 있다〉, 1892

지 반응이 좋지 않았다. 그가 가진 모든 것을 포기하고 선택한 길이었는데, 그만큼의 대가를 받지 못한 것이다. 이에 그는 다시 원시의 섬으로 떠나 더 거칠고 환상적인 야생의 그림을 그리기 시작한다.

폴 고갱, 〈우리는 어디에서 왔는가? 우리는 누구인가? 우리는 어디로 가는가?〉, 1897

　죽음이 가까워지던 해에 고갱은 자신의 인생을 정리하며 유언과도 같은 대작 〈우리는 어디에서 왔는가? 우리는 누구인가? 우리는 어디로 가는가?〉를 남기게 된다. 근본적인 질문과 고민을 담고 있는 작품이며, 고갱은 이 질문을 자기 자신은 물론 이 그림을 보게 될 관람객들에게 함께 던진다.

이 그림은 크게 세 부분으로 나뉘어져 있다. 오른쪽에는 생명의 탄생을, 가운데에는 삶을, 그리고 왼쪽에는 죽음에 대해 순차적으로 그려냈다. 시간은 누구에게나 평등하게 주어지지만 흘러가는 시간들이 가끔 무섭게 다가오기도 한다. 그리고 죽음은 누구에게나 예상되는 결말이지만 그 순간을 온전히 받아들이기란 쉽지 않다.

지금, 어디에 있나요

〈우리는 어디에서 왔고, 누구이며, 어디로 가는가?〉는 정체성에 관한 이야기를 한다. 우리가 살아가는 목적이 무엇이며, 행동과 말을 하는 이유는 무엇이고, 또 어떤 보상을 바라고 살아가는지에 대해 생각해 보도록 하는 것이다. 태어날 때와 죽음을 제외하고 인간은 모든 순간에 선택을 한다. 갓난아기부터 죽음까지 그 사이에는 무수히 많은 선택들이 즐비하게 놓여있고, 반복되는 선택의 과정을 통해 삶을 채워나간다.

이 작품 속에서 고갱은 인간이 무엇 때문에 존재하는지, 또 사라지게 되는지에 대한 근원적 질문에는 선뜻 답하지 못하고 있다. 맨 왼쪽에 있는 노인은 다가오는 죽음을 받아들일 준비가 되지 않아 고통 속에서 절규하고 있다. 그러나 가운데 서있는 인물이 열매를 따는 모습을 통해, 모든 삶의 방향은 개인의 선택이고 그 선택에 따른 방향성은 삶의 주체인 자신이 만들어가고 있음을 함께 보여준다. 물론 보는 사람마다 고갱의 작품은 다르게 받아들여질 수 있다. 누군가는 열매를 따먹는 사람을 볼 수도 있고, 누군가는 죽어가는 노인을 볼 수도 있다.

심리치료현장에서 삶의 변화를 위해 선택을 하려는 사람들에게 가장 중요하게 던지는 질문은 지금 자신이 어디에 위치해 있는지에 관한 것이다. '나는 어떠한 사람이 되고 싶다', 혹은 '나는 이렇게 살고 싶다'는 목적도 중요하지만, 그곳으로 가기 위해서는 지금 내가 어디에서 어떻게 출발할지를 알아야 하기 때문이다. 그 과정에 여러 가지 시행착오가 있을 수도 있고, 우회해서 가게 될 수도 있고, 여러 유혹들을 만날지도 모른다. 그러나 출발지와 목적지가 확실하다면 결국에는 내가 한 선택의 결과를 맛볼 수 있다. 고갱이 그림을 통해 스스로에게 질문을 한 것처럼, 자신이 지금 인생의 어느 위치에 있는지, 그리고 자신은 어떤 사람이고 어디로 가고 싶은지, 잠시 멈추어 질문을 던져보는 것도 좋을 것이다.

편견에 굴하지 않고
나를 표현하기

"행복하게 살기 위해서는 나 자신으로서 살아야 합니다."

클리셰처럼 들리는 이 문장은 더 이상 새롭게 다가오지 않는다. 너무나 많은 곳에서 이와 유사한 말을 하고 있기 때문이다. 그러나 정작 '나 자신을 사랑할 수 있을까?'라는 문장에 선뜻 답하는 데에는 어려움을 겪는 사람들이 많다.

그래서 나는 강연이나 상담을 할 때마다 '남을 사랑하는 방식으로 스스로를 사랑하라'는 조언을 자주 하는 편이다. 남을 사랑하는 단계는 네 가지로 구성되어 있다. 첫째, 그 사람이 어떤 사람인지 먼저 알아간다. 무엇을 좋아하는 사람인지, 취미는 무엇인지, 주말에는 무엇을 하는지, 어떤 종류의 영화를 좋아하는지 등이 그렇다. 두 번째로는 그 사람의 매력을 찾게 된다. 목소리가 좋고, 예의가 바르고, 웃을 때의 입술이 사랑스러울 수 있다. 이제 우리는 세 번째 단계로 진입해 상대의 허락을 구한다. 내가 당신을 사랑해도 되는지, 계속 함께해도 되는지 말이다. 그 뒤로 네 번째 단계인 사랑이 시작되는 것이다.

나를 사랑하는 과정에서도 이 단계는 똑같이 적용된다. 그러나 첫 번째 단계부터 막히는 경우가 많다. 내가 어떤 사람인지 알려는 시도를 많이 해보지 않아서이다. 나는 무엇을 하고 싶은 사람인지, 어떤 것을 좋아하는지, 내가 대인관계에서 절대로 견디지 못하는 것은 무엇인지 등을 들여다보지 않는다. 내가 진짜 원하는 것이 무엇인지 자신의 핵심욕구를 깊이 있게 알아보지 않는다. 이러한 상황에서 자신을 사랑하는 일은 불가능에 가깝다.

이때 나 자신의 모습이 사회적으로 기대하는 모습과는 다를 때가 있다. 여자로서, 남자로서, 며느리로서, 엄마로서, 직장인으로서 혹은 어른으로서, 기대되는 모습에 맞추며 살아가는 것이다. 예를 들어 여전히 많은 기성세대들이 여자라면 응당 적당한 나이에 결혼을 하고, 아이를 낳기를 바란다. 여성이 아이를 낳으면 모성애를 가지고 아이 돌보기에 충실하기를 바라기도 한다. 아이 없이 사는 딩크족에게는 불효자식이라는 꼬리표가 따라다니고, 비혼주의는 사회적 패배자로 낙인찍히기도 한다. 그리고 이성애를 가장 일반적이고 '정상'적이라고 생각하다 보니, 성적 소수자를 바라보는 시선에도 무수히 많은 편견이 담겨있다.

우연히 발견한 나

릴리 엘베(Lili Elbe)는 덴마크의 화가로 그의 개명 전 이름은 에이나르 베게너(Einar Wegener)였다. 그녀는 남성의 몸으로 태어나 세계 최초로 남성에서 여성이 되는 성전환 수술을 받았다. 성소수자에 대한 인권적 의식이 전무하던 시절, 가짜 뒤에 숨겨져 있던 진짜 자신을 발견하기 위해

릴리 엘베, 〈호브로 피요르드를 따라 늘어선 포플러〉, 1908

목숨을 건 수술을 감행한 인물이다.

　그녀가 에이나르 베게너였던 시절, 원래 그는 풍경화를 주로 그리던 화가였다. 평범한 화가의 삶을 살았던 그는 덴마크 왕립 미술아카데미에서 알게 된 여성 화가 게르다(Gerda Wegener)와 결혼한다. 게르다는 《보그》를 포함한 다양한 패션 잡지의 일러스트레이터이자 화가로 활동하고 있었는데, 1909년 신문 《폴리티켄》이 주최한 미술경연대회에서 우승을 차지할 정도의 재능 있는 화가였다. 그러던 어느 날 게르다의 그림 모델이 결석을 하자, 에이나르는 아내의 부탁으로 스타킹과 하이힐을 신고 임시 모델이 되어준다.

　시작은 이렇게 사소한 계기였다. 이전부터 여성적인 용모를 가지고 있었고 여성스러운 것을 좋아하던 에이나르는 드레스를 입고 스타킹을 신는 행위 속에서 자신 안에 억눌려 왔던 여성성을 마주하게 된다. 독일의 정신분석학자 프로이트(Sigmund Freud)는 사람들이 자신이 감당할 수 없거나 수치스러운 욕망들을 무의식의 세계로 억제하는 방어기제를 사용한다고 설명한 바 있다. 에이나르가 1882년 출생이라는 점을 고려했을 때, 자신의 성 정체성을 드러내기에는 사회가 너무 보수적이었을 것이다. 그러나 억제해 왔던 욕망은 그림이 그려지던 순간 수면 위로 떠올랐고, 에이나르는 가짜 가면을 더 이상 쓰지 않기로 결심한다. 그렇게 여성성에 눈을 뜬 에이나르 베게너는 자신에게 '릴리 엘베'라는 여성의 이름을 붙인다.

선택을 지지해 주는 단 한 사람

통상적으로 남편이 자신의 정체성을 여성이라고 밝혔을 때의 상황과 달리, 게르다는 릴리의 선택을 이해해 주었다. 처음에는 크게 당황했지만, 릴리가 여장을 하면서 기뻐하는 모습을 지지해 주었고, 릴리를 그림의 뮤즈로 자주 등장시켰다. 남성이지만 동시에 여성인 릴리는 게르다에게 최고의 모델이었고, 대중과 비평가들도 그녀의 그림 속 신비로운 여성에게 매료되며 게르다는 화가로서 성공의 궤도에 오르게 된다. 모델이 누구냐는 질문에 게르다는 자신의 사촌동생 릴리라고 소개를 했다. 여장을 한 릴리와 함께 외출을 하고 파티에 가기도 하며, 이 둘은 뮤즈이자 연인이자 친구로서 좋은 관계를 유지해 나갔다.

만약 에이나르가 릴리라는 정체성을 발견했을 때 게르다가 그를 혐오하거나 인격을 손상시키는 대응을 했더라면 릴리로서의 정체성은 발현되지 못했을 것이다. 남편이 다시 남자로 돌아와 자신을 안아주기를 원하거나 분노 표출을 선택했더라면, 에이나르는 과거에 그가 그랬던 것처럼 자신의 욕망을 억제하며 한 명의 남성 작가로서 살아가는 길을 택했을지도 모른다. 그러나 릴리와 에이나르의 삶을 모두 공존시키며 살아갈 수 있도록 도와준 게르다 덕에, 릴리와 에이나르는 균형을 이룰 수 있었다. 릴리로서 숨 쉴 수 있는 탈출구를 만들어준 단 한 사람, 게르다가 있었기에 가능한 일이었다.

게르다 베게너, 〈릴리 엘베의 초상〉, 1928

위험을 감수한 선택

당시 여자가 되고 싶다는 남성을 대하는 사회적 태도는 차가웠지만, 릴리는 자신의 뜻을 이해하고 함께하고자 한 독일인 의사 마그누스 히르슈펠트(Magnus Hirschfeld)를 만나게 된다. 이후 릴리는 1930년부터 1931년까지 다섯 차례에 걸쳐 고환적출수술, 음경제거수술, 난소이식수술과 자궁이식수술을 강행한다. 세계 최초의 성전환 수술이라는 위험한 도전이었다. 그렇게 수술을 통해 릴리는 여성의 몸을 얻게 되었고, 릴리 일제 엘베네스(Lili Ilse Elvenes)라는 이름으로 새로운 여권을 발급받는다.

이 사건은 당시 엄청난 파장을 일으켰다. 덴마크에서는 동성 결혼이 허락되지 않았기 때문에 게르다와 릴리의 결혼은 덴마크 왕에 의해 무효화되었다. 그러나 1989년 세계 최초로 시민 결합 형태의 동성 커플을 인정한 나라가 덴마크라는 것은 흥미로운 사실이다. 아무튼 1931년 9월 릴리는 몸이 급격히 안 좋아지기 시작한다. 수술로 인한 거부 반응이 생겨난 것이다. 9월 13일, 그녀는 법이 인정한 여성의 몸으로 숨을 거둔다. 수술로 인해 결국 세상을 떠날 밖에 없는 그녀였지만 단 한순간이라도 진짜 여성으로 살고 싶다는 그녀의 꿈은 이루어졌다.

게르다 베게너, 〈창문 앞 두 여성〉, 1920년대

나를 마주할 수 있도록

과거보다는 성소수자가 자신의 정체성이나 지향성을 밝히는 일이 많아졌다. 2001년 네덜란드를 시작으로 스페인, 덴마크, 프랑스, 호주, 미국의 몇 개 주 등 20여개가 넘는 국가가 동성결혼을 합법화하고 있다. 베르사체, 마크 제이콥스, 이브 생 로랑, 크리스티앙 디오르, 조르조 아르마니, 알렉산더 매퀸 등 수많은 패션 디자이너들이 동성애자임을 밝혔으며, 그들은 예술적 원천으로 자신의 연인을 공개하기도 했다.

〈키스〉로 전 세계적 사랑을 받은 구스타프 클림트(Gustav Klimt) 역시 동성애에 대해 다룬 바 있다. 베게너와 동시대에 활동한 오스트리아의 화가 클림트는 여성들 간의 사랑을 다룬 〈여자 친구들〉이라는 작품을 화려한 아르누보 양식을 통해 표현했다. 그림 속 두 여성은 얼굴부터 옷, 입술, 그리고 배경까지 모두 붉은색으로 물들인 채 사랑을 나눈다. 클림트가 이 그림을 공개했던 1917년은 여성이 가진 성적 욕구를 언급하는 것만으로도 불편해했던 시기다. 클림트 자신은 이성애자였지만, 그는 이들의 사랑이 충분히 자연스럽고 사랑스럽다는 것을 그림을 통해 말하고 싶어 했다.

대다수에 해당하지 않는 사람들을 우리는 소수자라고 부른다. 그러나 소수자가 약자를 의미하지는 않는다. 개인은 모두 다른 인격과 취향을 가지고 있으며 그것이 누군가에게 피해를 끼치는 것이 아니라면 반사회적인 것은 아니다. 서로 합의된 동성애는 맞고 틀리고의 개념에서 접근할 수 없다. 과거에는 동성애가 성정체성 장애로 분류되었지만 더 이상 장애라는 단어도 쓰지 않는다. 변화하는 사회 속에서 사람들의 인

구스타프 클림트, 〈여자 친구들〉, 1917

식도 점차 달라지고 있는 것이다.

　사회적인 편견과 시선 속에 자신의 진짜 모습을 감추는 것은 비단 동성애뿐만이 아니다. 오타쿠적인 취향이나 아이돌 덕질에 대한 편견, 특정 지방 출신에 대한 혐오감 등 사소하고도 다양한 편견들이 사회에 만연하다. 그로 인해 많은 이들이 진짜 자신의 모습을 감추고 숨기기도 하는데, 그렇다고 모두에게 자신을 오픈하고 살라는 뜻은 아니다. 다만 에이나르가 릴리가 되어 자신만의 탈출구를 찾은 것처럼 나를 숨기지 않고 드러낼 수 있는 공간이, 그리고 그 이야기를 들어줄 수 있는 누군가를 곁에 둘 수 있기를 바란다.

인생이 힘들다고
힘든 것만 볼 순 없잖아요

학교 다닐 때 우리는 모두가 평등하다고 배웠다. 그래서 우린 그 말을 믿고, 노력한 만큼의 성과를 거두기 위해 최선을 다해왔다. 공부를 하고, 시험을 보고, 학교에 진학하고, 일을 하고, 결혼을 하고, 육아를 하고…. 그렇게 '신은 모두에게 공평하다'는 문장을 들으며 성장했지만, 문득 이 말에 의구심이 드는 순간이 있다. 왜 나한테만 자꾸 안 좋은 일이 생기는 걸까. 남들은 편하게 사는 것 같은데 나한테는 왜 자꾸 이런 일들이 일어나는 걸까. 나는 노력해서 겨우 이 정도 왔는데, 다른 사람들은 이미 많이 가지고 태어나서 쉽게 가는 게 아닐까. 정말로 신은 공평한 걸까. 정말로 우리 모두는 평등한 삶을 살아가는 걸까.

생각해 보면 이러한 불평등은 어린 시절부터 있었다. 더 잘사는 친구가 예쁜 옷을 입고 좋은 문구류를 들고 다녔으니까. 그리고 인생의 중요한 순간들에, 예를 들어 진로를 결정할 때, 학교를 결정할 때, 학과를 결정할 때, 취업을 결정할 때, 결혼을 결정할 때, 내가 가지고 있는 환경과 배경이 온전히 내가 원하는 선택만을 할 수 없게 만들 때 삶의 고달픔이 느껴진다.

지금의 아이들은 이러한 비교와 차이에 더 민감하게 진화되어 버린 것 같다. 아직 사회의 계급과 경제에 대한 개념이 없는 초등학생들조차 아파트 이름과 평수를 이야기하며 같은 반 친구가 자신보다 낮은지, 높은지에 대해 판단한다. 그리고 점차 부모의 재산이나 직업이 자신의 삶에 얼마나 많은 영향을 미치는지에 대해서도 깨닫는다. 공평하지 않은 시점에서 각자 시작하고 있다는 것을 알게 되는 것이다.

어떤 상황에 있더라도 위만 바라본다면 내 자리는 한없이 낮아진다. 그리고 내 삶의 부족한 점과 어려운 부분을 찾기 시작하면 계속해서 내 삶은 우울하고 비루해 보일 것이다. 지금의 내가 평범하다고 생각하는 삶의 모습이 누군가가 가지고 싶은 모습들일 수 있음에도, 그것은 쉽사리 느껴지지 않는다. 그래서 심리치료 현장에서는 자신의 삶을 비관하는 사람들에게 '누군가가 내 삶을 부러워한다면 어떤 점 때문일지 그 목록들을 적어보세요'라고 종종 이야기를 한다. 내가 현재 가지고 있는 긍정 요소들을 찾아보도록 하는 것이다.

함께 그림을 그렸던 인상주의 화가들

화가라는 직업은 누군가의 경제적인 지원이 없다면 고된 직업이 될 수밖에 없다. 캔버스를 사고, 물감을 사고, 작업실을 대여해야 하는 고정비용이 드는데 이것이 수익으로 연결된다는 보장이 없기 때문이다. 운이 좋거나 실력 있는 화가들은 투자를 해주는 후원자가 있지만 그렇지 못한 사람들은 알려지기까지 오랜 고통의 시간이 수반된다. 그러다 보니 혜택

받은 환경에서 그림을 그리는 화가들과 그렇지 못한 화가들은 다른 행보를 걸을 수밖에 없었다.

과거 대부분의 화가들은 미술교육기관에서 배우거나 유명 화가의 사제로 들어가서 자신의 그룹을 형성했다. 그리고 배움의 과정이 끝난 화가들은 작업실을 공유하거나 함께 전시를 하는 과정을 통해 동료를 만들어나갔다. 그런데 19세기 말 프랑스에서 동료를 형성하는 새로운 접근이 시도되었다. 미술을 접근하는 방향성이 맞는 화가들이 모여 그룹 활동을 한 것이다. 그림에 대해 상의하고, 같은 곳을 방문해 같은 풍경을 그리고, 자주 술을 마시며 어울리고, 그룹의 이름으로 전시회도 열었다. 이중 대표적인 움직임이 현대미술의 시작을 알린 인상주의(impressionism) 그룹이었다.

인상주의 그룹에는 여러 환경을 가진 화가들이 모였다. 제1회 인상주의 전시회에 함께했던 폴 세잔(Paul Cézanne)의 경우 부유한 은행가의 아들이었다. 발레리나를 그린 화가로 알려진 에드가 드가(Edgar De Gas) 역시 부유한 법률가의 집안에서 태어났다. 물랭루주의 유쾌함을 그린 툴루즈 로트렉(Henri de Toulouse-Lautrec)은 귀족 집안의 자제로 태어나 경제적 걱정을 할 일이 없었다. 비록 하반신 장애가 있었지만 금전적으로 여유로웠던 로트렉의 그림 속에는 흥이 많이 담겨있다.

그러나 그룹 내에는 이와 다르게 가난한 환경을 가진 화가들도 많았다. 빈센트 반 고흐와 같은 일부 화가들은 다른 화가들이 자신을 무시한다고 생각해 자격지심을 느끼기도 했고, 어떤 화가들은 화가들의 모임에 참석하기를 거부하기도 했다.

오귀스트 르누아르 역시 경제적으로 궁핍한 상황에 속했다. 든든

툴루즈 로트렉, 〈칠페릭 오페라에서 볼레로를 추는 마르셀 렌더〉, 1895

한 후원자도 없었고, 돈이 많은 부모도 없었다. 그러나 그는 자신의 현재 상황에서 긍정적인 면을 보려 노력했고, 그러한 시도를 그림으로 표현했다.

르누아르는 그림 재료비는커녕 끼니 걱정을 하는 일이 많았다. 그는 인상주의 그룹 멤버 중에서도 클로드 모네(Cloude Monet)와 친하게 지냈는데, 모네 역시 상황이 어렵다 보니 또 다른 동료 화가 프레데릭 바지유(Frederic Bazille)의 집에 잠시 얹혀 들어가 살기로 결심한다.

장 프레데릭 바지유, 〈바지유의 아틀리에〉, 1870

〈바지유의 아틀리에〉는 바지유가 자신과 동료 화가들의 모습을 그린 작품인데, 이젤 옆에 서있는 사람이 바지유, 그 옆에 모자를 쓰고 지팡이를 든 사람이 마네이다. 마네의 뒤에는 모네가 있고, 피아노 앞에는 음악가 에드몽 메트로가 있다. 그리고 아틀리에의 계단을 올라가며 아래에 앉아있는 소설가 에밀 졸라에게 말을 걸고 있는 사람이 바로 르누아르이다.

당시 르누아르는 모네에게 이렇게 말을 했다. "나는 이렇게 그림을 그릴 수 있고, 또 자네와 같은 훌륭한 동료와 그림을 그린다는 것만으로도 너무나 행복하네. 문제는 이 그림을 완성할 수 있을까 하는 것뿐이지… 물감은 참 비싸…. 이런 비싼 재료를 쓰는 만큼, 나는 행복한 모습을 그려서 사람들에게 좋은 에너지를 주고 싶네."

행복한 3B

르누아르의 그림 속에는 가난과 불행이 없다. 그가 그린 그림 속에는 웃음과 행복, 그리고 여유가 가득하다. 그림 속에서는 모두가 행복할 수 있는데 굳이 무겁고 어둡게 그릴 필요가 없다고 생각했기 때문이다. 현실에는 힘든 일도 고통도 많았지만 그런 이야기들은 굳이 그림에 담지 않았다. 같은 모델과 풍경을 그리더라도 누군가는 우울하게 그릴 수 있고 누군가는 행복하게 그릴 수 있다는 것을 르누아르는 잘 알고 있었다.

그래서 르누아르에게는 즐겨 그리던 대상이 있었다. 3B라 일컬어지는 예쁜 사람(Beauty), 아기(Baby), 그리고 동물(Beast)이 그것이었다. 굳

오귀스트 르누아르, 〈물랭 드 가레트의 무도회〉, 1876

이 추악한 사람을 그리지도 않았고, 사회의 어두운 면을 그리지도 않았다. 그림이 예쁘면 좋다고 생각한 것이다. 그림이라는 것이 꼭 사색에 잠겨서 고찰할 대상일 필요도 없다고 생각했다.

그는 비판과 헐뜯기가 가득한 세상 속에서 비판 없이 그저 바라볼 수 있는 대상이 필요하다고 느꼈다. 돈이 많은 사람도, 가족이 있는 사람도, 재능이 뛰어난 사람도 각자의 자리에서 불편함을 느낀다. 그 불편함은 우울한 감정이 되기도 하고, 불안한 감정이 되기도 하고, 무기력한 감정이 되기도 한다. 웃고 있는 예쁜 여자아이와 고양이를 보면서 마음의 포근함을 잠시 느껴보는 것, 그것이 르누아르가 관객들에게 전하고자 했던 힐링의 선물이었다.

그런 까닭에 이런 일화도 전해진다. 고양이 그리기를 좋아했던 르누아르가 동료 화가 빈센트 반 고흐에게 고양이 그리기를 추천한 적이 있었다.

"빈센트, 모델 구할 돈이 없다고 자꾸 자화상만 그리지 말고 고양이를 그려보게. 고양이는 사랑스럽고, 예쁘고, 가장 중요한 건 모델비가 들지 않지."

이 말을 들은 고흐는 이렇게 대답했다고 한다.

"여보게, 고양이는 그리는 것이 아니야. 안는 거지."

이 그림 속에 나도 있는 것처럼

르누아르의 작품 〈선상파티의 오찬〉을 보고 있으면 마치 관객들이 흥겨운 파티에 함께 참여하고 있는 것처럼 즐거운 느낌이 든다. 르누아르는 파티에 참여했던 부유한 사람의 의뢰를 받고 이 그림을 그렸다. 그림 속 사람들은 대낮부터 신나게 배 위에서 술을 마시며 놀고 있는데, 이러한

오귀스트 르누아르, 〈선상파티의 오찬〉, 1881

선상파티에 참여할 수 있는 사람들은 정해져 있었다. 낮 시간에 꾸미고
나와서 돈을 쓰며 놀 수 있어야 하기 때문이다.

어떤 화가들은 부자들이 그림을 의뢰하면 조금은 비판적인 시각으로 보기도 했고, 다른 사람들의 여유 있는 모습에 상대적 박탈감을 느끼기도 했지만, 르누아르는 이것을 나쁘게 생각하지 않았다. 기분 좋고 행복한 사람들과 함께 있으면 자신도 그 사람들의 행복함을 함께 공유할수 있다고 생각한 것이다.

"부자들이 있으니 이런 여유를 간접적으로나마 느낄 수 있지 않나요? 감사한 일이죠."

어려움이 분명 있었지만 르누아르는 행복하기를 선택했고, 행복을 전하기로 선택했다. 모두에게는 행복을 추구할 권리가 있다. 그런데 간혹 그 권리를 포기하는 걸 선택하는 사람들이 있어서 문제다.

행복할 권리

"인간은 행복하기 위해 태어난다." 이 말은 위대한 철학자 아리스토텔레스의 명언이다. 르네상스 시대의 화가 라파엘로(Raffaello Sanzio)의 걸작인 〈아테네 학당〉에는 그리스의 철학자들과 현인들의 모습이 생생하게 그려져 있다. 〈아테나 학당〉의 중앙에는 2명의 남자가 서로 이야기하는 모습이 유난히 주인공처럼 크게 그려져 있는데, 왼쪽 인물이 플라톤이며, 오른쪽 인물이 바로 아리스토텔레스이다. 아리스토텔레스는 왼손에 책을 한 권 들고 있는데, 이 책이 그의 대표 저서인 『니코마코스 윤리학』이다. 아리스토텔레스는 이 책에서 행복에 대해 논하는데, 그에 따르면 행복은 '최상의 좋음'이며 쾌락, 명예, 돈, 사랑의 상위에 있는 가장 궁극적인 삶의 목적이다. 이것이 인간이 태어난 목적인 '행복'인 것이다.

라파엘로 산치오, 〈아테네학당〉, 1483

대한민국 헌법 제10조에 따르면 "모든 국민은 인간으로서의 존엄과 가치를 가지며, 행복을 추구할 권리를 가진다"고 명시되어 있다. 요컨대, 행복은 헌법이 보장하는 기본권 중 하나로 안락하고 만족스러운 삶을 추구할 수 있는 권리이다. 이렇게 행복이란 고대 철학부터 법에 이르기까지 모두가 말하는 삶의 목적이자 권리이지만, 자신의 선택지에 행복을 넣지 않는 사람들도 많다.

르누아르는 행복하기를 선택한 화가였다. 궁핍했고, 그림은 잘 팔리지 않았고, 지원해 주는 가족도 없었지만 우울하거나 고통받는 선택을 하지 않았다. 스트레스를 받거나 삶이 불안할 때 사람들은 다양한 선택을 할 수 있다. 더욱 스트레스에 몰두하기를 선택할 수도 있고, 자기비관적인 생각을 선택을 할 수도 있다. 그러나 그 감정의 강렬함을 선택하는 것도, 또 감정의 종류를 선택하는 것도 자기 자신이다. 자기파괴적인 생각이나 극단적인 행동을 하는 선택은 최종적으로 스스로의 몫이기 때문이다.

최근에 가장 자주 사용했던 감정은 어떤 것이며, 또 더 많이 사용하고 싶은 감정은 어떤 것인지 떠올려 보자. 감정을 적극적으로 선택해 나가기 위해서는 '어떤 감정을 어떤 강도로 느끼기를 선택했는지'를 명료화하는 연습이 필요하다. 반복되는 감정의 확인은 이제부터 느낄 감정도 선택할 수 있도록 해준다. 나의 관점 변화로 인해 똑같은 삶의 장면이 조금 더 행복해지는 것을 발견하는 것도 하나의 즐거움이 될 수 있을 것이다.

오늘 내가 버려야 할
익숙함에 대하여

새로운 사회를 이끌어가는 사람들, 기존의 사회가 가치 있다고 정한 것을 벗어나 특정 분야를 개척하는 사람들은 행동과 목표에 대한 동기가 높다. 동기가 높은 사람들은 과업 지향적이고, 모험성을 가지고 있으며, 자신감이 높고, 혁신적이다. 수행 결과에 대한 책임감도 높고 미래 지향적이며, 도전적이다. 안정적으로 자신의 분야와 사회를 성장시키는 사람도 분명 필요하지만, 도전하는 사람들에 의해 세상이 변화해 온 것은 분명한 사실이다. 하지만 그 시도가 언제나 모두에게 환영받는 것은 아니다.

소크라테스는 아테네 청년들을 대상으로 질문을 하며 돌아다녔던 유명한 철학자였다. 그는 청년들이 당연시하는 생각들에 질문을 던지기 시작했는데, 청년들이 '왜?'라는 의문을 가지지 않았던 부분에 질문을 던짐으로써 그들 스스로 자신의 신념이 익숙함에 젖어있다는 것을 깨닫게 만들었다. 익숙한 신념에 의문이 생기면 사회 보수층의 기반이 흔들린다. 당연한 것이니 그러려니 하고 넘어갔던 것의 뿌리가 약해지기 때문이다. 소크라테스는 끊임없이 젊은이들에게 질문을 하며 스스로 생각하고 선택하는 힘을 나누어주고 다녔다. 그 결과 아테네 정치인들의 미

자크 루이 다비드, 〈소크라테스의 죽음〉, 1747

움을 샀고 감옥에서 죽음을 맞이한다.

　자크 루이 다비드(Jacques-Louis David)는 그런 소크라테스의 모습을 그림으로 담아 프랑스 시민들에게 질문을 던지고자 했다. 당시 프랑스에서는 귀족과 성직자들은 세금을 내지 않지만 투표권이 있고, 시민들은 세금을 내지만 투표권이 없었다. 그러나 사회는 1789년 프랑스혁명이 일어나기 전까지 자연스럽게 흘러갔다. 익숙한 신념은 불합리한 상황에서도 그것을 당연시하게 만들기 때문이다.

미술사의 큰 흐름에서도 마찬가지였다. 새로운 '이즘'의 시작을 위해서는 도전하는 자가 필요했고, 그 새로운 흐름을 응원하는 자들보다는 불편해하는 자들이 더 많았다.

에두아르 마네, 추악한 그림으로 낙인찍히다

1863년 마네의 〈풀밭 위의 점심식사〉가 발표되던 날, 세상은 그의 그림에 당혹감을 숨기지 못했다. 정장을 잘 차려입은 신사와 함께 벌거벗은 여인이 풀밭 위에 덩그러니 그려져 있었기 때문이다. 비평가들이 놀란 것은 단순히 나체의 여성과 남성이 함께 그려져 있기 때문은 아니었다. 이전에도 나체의 여성은 그림에서 중요한 역할을 해왔고, 심지어 마네는 이 그림의 소재를 과거의 명작으로부터 얻었다.

마네는 티치아노의 〈전원음악회〉에서 등장인물을, 라이몬디의 〈파리스의 심판〉에서 구도를 오마주했다. 그러나 마네가 그린 주인공들은 과거 명화 속의 신화나 성서, 역사의 인물들이 아니라 1890년대를 살아가는 동시대 사람들이었다. 풀밭 위에 앉아있는 두 남성은 마네의 동생과 매제가 될 남자였고, 여성은 모델이자 미술학도인 빅토린 뫼랑이었다.

부드러운 곡선의 아름다움을 가진 여성이 아닌 튀어나온 현실적인 뱃살, 그리고 관람객을 빤히 처다보는 눈빛은 보는 이들을 불편하게 했다. 살아 숨 쉬는 주변의 사람이 그림에 등장하고, 돈만 꺼내면 바로 접

에두아르 마네, 〈풀밭 위의 점심식사〉, 1863

할 수 있는 신비하지 않은 벗은 몸의 여성을 그린 그림은 커다란 위화감을 조성했다.

살롱은 그에게 품위 손상, 지나치게 사실적인 묘사, 거친 붓질을 이유로 비난했다. 이에 대해 마네는 동시대의 화가들이 아직도 신화와 역사를 그리고 있으며 주체성이 없다는 점을 이야기하면서, 새로운 시도를 전혀 하지 않는 도전의식을 아쉬워했다. 다른 사람과 비슷한 길을 가는 것은 확실히 안전했다. 당시 루브르박물관의 고전적인 그림을 모작하면 돈을 벌 수 있었고, 고전적인 화풍으로 신화나 역사화를 그린 그림은 대중적으로 사랑을 받았다. 그러나 그는 안전한 길을 버리고 고군분투하기를 택했다.

젊은 화가들은 마네의 행보를 응원했고, 새로운 시대의 전설이라 그를 칭하기 시작했다. 그러나 비난의 목소리가 더 높았다. 그의 작품은 살롱 옆에 낙선작들을 모아 전시한 〈낙선전〉에 걸려야 했고, 그의 작품에 대한 옹호의 소리가 커질수록 언론은 더욱 그를 깎아내렸다.

마네는 티치아노의 명작 〈우르비노의 비너스〉를 재해석하여 빅토린 뫼랑을 모델로 그린 〈올랭피아〉를 〈풀밭 위의 점심식사〉와 같은 해에 발표하게 되는데, 1865년 6월 3일자 만평에는 그의 작품에 대한 비판의 글이 실렸다. 제목은 '고양이의 꼬리 혹은 바띠뇰의 석탄 장수'라고 달았으며 마네의 그림에 대해 '추악한 그림'이라 명명했다.

만평에서는 고양이 꼬리를 가운데에 눈에 띄게 넣어 성적 이미지를 강조했고, 뫼랑은 아주 우스꽝스러운 모습으로 그려졌다. 모델 뫼랑은 매춘부라며 손가락질을 받아야 했으나, 그녀는 이러한 조롱을 오히려 담대하게 받아들였다. 실제 현실에 존재하는 매춘부처럼 사실적으로 그려

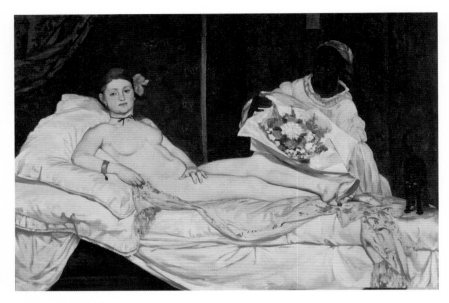

에두아르 마네, 〈올랭피아〉, 1863

La queue du chat, ou la charbonnière des Batignolles.
Chacun admire cette belle charbonnière, dont l'eau, liquide banal, n'a
jamais offensé les pudiques contours. Disons-le hardiment, la charbonnière, le
bouquet dans du papier, M. Manet, et son chat, sont les lions de l'exposition
de 1865. Un bravo senti pour M. Zacharie Astruc.

내는 것이 마네와 뫼랑의 목적이었기 때문이다. 그녀는 스스로 떳떳했고 인상주의 화가들에게 인기 있는 모델이었다. 그리고 그들의 멘토이자 뮤즈 역할을 충분히 잘 소화해 내고 있다는 것이 젊은 화가들의 평이었다.

빅토르 뫼랑은 마네와 함께 새로운 그림을 창조하는 주역이었다. "자신감이 없으면 그림의 힘이 떨어져요. 뚫어지게 정면을 쳐다보는 모습이 불쾌감을 주었다면 그 그림은 성공한 거죠. 빨간 벨벳 목줄, 빨간 난초, 금색 팔찌… 소위 '매춘부의 소품'들도 거리낌 없이 착용하려 애썼어요."

소설가이자 평론가인 에밀 졸라(Emile Zola)는 마네에게 다음과 같은 글을 적어주기도 했다. "그림에서 철학적 함의를 찾아내려는 사람들도 있지만, 좀 더 음탕한 작자들은 외설적인 의도를 운운하면서 흠집을 낼지도 모른다. 그러므로 마네 당신은 그런 대중들에게 큰 소리로 말해 주어야 한다. '그것은 당신들 생각이지 내 생각이 아니다'라고."

인상이 없는 인상주의

'인상주의'라는 이름을 만들어낸 주인공 클로드 모네(Claude Monet)는 아직 미술의 방향성을 정립하지 못하던 젊은 시절, 마네의 〈풀밭 위의 점심식사〉를 살롱에서 만나게 되었다. 그리고 그의 그림을 보며 새로운 시대가 열리고 있음을 느꼈다. 그림 속 여성은 풀밭 위에서 분명히 살아있었기 때문이다. 당시 지배 권력은 자신들의 입맛에 맞는 심사 기준을 내세웠지만 그림을 그려서 공개적으로 전시할 수 있는 장소가 살롱밖에 없었다. 작가들은 어쩔 수 없이 살롱의 평가에 기대야 했는데, 파리의 살롱들은 프랑스 제국을 굳건히 해줄 신화나 천사, 영웅의 그림을 필요로 했다. 정치색을 띠고 정교하게 마무리된 역사화들이 정치를 위해 기능하기를 바랐다. 그런데 그 한가운데에 〈풀밭 위의 점심식사〉가 걸린 것이다.

그는 새로운 그림의 시대가 열림을 느끼며 그림을 그리기 위해 밖으로 나갔다. 과거의 화가들이 대부분 작업실에서 그림을 그렸다면, 모네는 대부분을 야외에서 그리기 시작했다. 그리고 작은 빛들이 시시각각으로 변해가는 짧으면 10분에서 길어야 30분의 시간을 화폭에 담았다. 그렇게 하여 자신의 고향이자 항구도시인 프랑스 르아브르에 있는 집 창문에서 바라본 풍경 〈인상: 해돋이〉가 완성되었다. 그는 "어느 날 문득 창밖 풍경을 내다보았는데, 해가 떠오르는 모습을 보고 어떤 인상을 받았다"고 설명했다.

살롱에서 받아들여지지 않은 젊은 화가들은 자신들이 직접 비용을 댄 전시회를 기획했고, 모네, 르누아르, 시슬레, 드가, 모리조, 피사로 등이 중심이 된 '무명 화가 및 조각가, 판화가 협회' 회원들은 1874년 4월 15일 사진작가 나다르의 작업실에서 한 달 간의 전시회를 연다.

그림이 발표되자 대중과 평론가들은 "붓질조차 서투른 아마추어", "집안의 벽지만도 못한 그림"이라고 비난했다. 특히 모네의 〈해돋이〉를 비난했다. 어둠 속에서 해가 막 떠오르는 풍경을 담은 이 그림에는 검은색이 전혀 사용되지 않았다. 검은색을 사용하지 않고 어둠을 표현했다는 것은 상당히 혁신적인 일이었지만, 비평가 루이 르로이는 모네가 풍경이 아니라 개인적인 인상을 그렸다고 기술했다. 날로 먹는 장인 정신의

클로드 모네, 〈인상: 해돋이〉, 1872

자유에 깊은 인상을 받았으며, 그림은 사진처럼 정교하고 우아한 주제를 다루어야 하는데 고작 지저분한 항구를 붓질 몇 번에 그렸음에 불쾌감을 표했다. 르로이는 "인상이 없는 그림들일 뿐, 모네, 르누아르, 드가 등 참여 화가들을 '인상파'라고 불러야겠다"고 조롱했다. 그리고 이 단어가 인상주의라는 현대미술 사조의 중요한 이름을 만들어낸다.

모네는 뚜렷한 형상이 그려지지 않은 빛과 그림자를 통해 자신이 느낀 부분을 전하려고 했다. 그림 속에서 하늘과 바다는 형태로 구분되어 있지 않다. 하늘에는 붉은빛이 돌고 바다에는 푸른빛이 돈다. '밤은 검다'고 믿는 사람들에게 색채는 빛의 차이일 뿐이라는 설득은 쉽게 받아들여지지 않았고, 가장 밝은 것이 태양이라고 믿는 사람들에게 바다와의 명도차가 없는 태양의 모습은 생소했다. 그는 이제 풍경화란 대상에 담긴 인상과 빛을 옮겨내는 작업이라 믿었다.

익숙지 않은 그림에 대한 거부감

현대미술의 아버지라 불리는 폴 세잔(Paul Cézanne)도 제1회 인상주의 전시회에 마네의 올랭피아를 재해석한 〈현대의 올랭피아〉를 출품했다. 재해석된 올랭피아는 거친 붓 터치가 더해져 평론가들을 더욱 불편하게 만들었다.

제1회 인상주의 전시회의 첫날은 175명이 방문을 했고, 4주 동안 3500명만이 전시장을 찾았다. 전시회에 사용된 비용은 9000프랑 이상이었고, 입장료는 1프랑이었다. 화가 기샤르는 이 전시회의 유일한 여성

폴 세잔, 〈현대의 올랭피아〉, 1873

작가였던 베르트 모리조의 어머니에게 다음과 같이 전한다.

"저의 솔직한 인상을 즉시 전해드리고 싶습니다. 제가 들어갔을 때 저는 그 유해한 환경 속에 함께 걸린 따님의 작품들을 보고서 걱정하게 되었습니다. 저는 친구이자 화가로서, 따님이 소위 미래의 화파라는 이들과 완전히 결별하기를 희망합니다."

모리조는 자신의 딸을 낳은 1879년 한 해를 제외하고 8번의 인상주의 전시회 중 7번을 참가했다. 첫 번째 전시회는 실패로 끝났지만 '인상주의'라는 이름을 걸고 이들은 제8회 인상주의 전시회까지 계속 추진한다. 인상주의는 기존의 전통에 대한 독립성과 저항성을 상징했고, 살롱이라는 규격화된 전시가 아닌 개인 전시회라는 새로운 형태의 도전은 대중의 지지와 공감을 얻기 시작했다. 좋지 않은 시선으로 바라보던 다수의 의견에 흔들리지 않고, 자신의 신념을 밀고 나간 그들의 집념과 열정으로 인해, 결국 현대미술의 흐름은 완전히 뒤바뀌게 된다.

성장을 위해서는 변화가 필요하다

새해가 되면 어김없이 찾아오는 신년의 다짐들이 있다. 금연, 다이어트, 운동, 금주, 영어공부 등등 각자의 목표들을 1월에 세우고 헬스장과 영어학원이 붐비기 시작한다. 그러나 2월만 되어도 헬스장은 다시 한가해지고 공부를 하겠다고 다짐했던 사람들의 의지는 언제 그랬냐는 듯이 연기처럼 사라진다. 기필코 술을 줄이겠다고 다짐했으나 냉장고는 어느새 맥주들로 가득 찬다. 실패를 다시금 경험한 사람은 '나는 결심을 해도 어차피 못할 것이다'라는 신념이 강화된다.

1월 1일 00:00. 새해가 밝았다고 해서 사람의 속성이나 마음이 달라질 리는 없다. 1분 차이로 새해가 될 뿐, 실제의 나는 1분 전의 나 그대로이니 말이다. 그러나 그 하루 만에 무언가 새로운 것을 해보겠다는 심리가 작동한다. 실수도 많았고 허점도 많았던 작년을 잊고 1월 1일이라는 경계선에서 '새롭게 시작!'을 외치며 나를 분리해 보려는 시도이다. 그렇기 때문에 어떤 선을 그을 수 있는 시간적인 이벤트가 있다는 것은 중요하다. 그 이벤트는 새해나 이사, 혹은 방학이나 프로젝트 마무리와 같은 외부적인 사건이 될 수도 있고, 스스로 결정하는 마음속의 데드라인이 될 수도 있다. 그렇게 마음으로 정한 데드라인은 변화를 시도하지 않는 자신의 모습을 버리는 직접적인 계기가 되어준다.

특히 회사를 다니는 사람들은 그 익숙함과 편안함의 그물에 걸려 변화를 시도하지 못하는 경우가 더 많다. 생활 스케줄이 정해져 있고 그에 맞춰 움직이다 보면 '그냥 살던 대로 살아도 아무 문제없다', '바쁜데 다른 거 하려고 해봤자 잘될 리가 없다'는 신념들이 강력하게 작용하기 때문이다. 회사를 다니면서 자격증을 따는 사람도, 새로운 언어를 배우는 사람도 부럽지만, 지금까지 살아온 대로 아침에 조금 더 잠을 자고, 저녁이 되면 열심히 일한 나에게 쉬는 시간을 선사하고 술 한 잔을 선물해 주며 지내는 시간이 더 익숙하고 좋다. 결국 변화란, 얼마나 원하는가에 대한 마음의 절박함과 그렇게까지 하지 않아도 그냥 살만한 지금의 편함이 싸워서 이기는 쪽에 따라 결정될 뿐이다.

익숙함을 버리지 않고 변화를 시도하지 않는 것은 그만큼 절박하지 않다는 것이다. 게다가 익숙함은 쾌감으로 작용한다. 인간의 내면에

에드바르트 뭉크, 〈귀가하는 노동자들〉, 1915

는 충동에 따라 행동하고 지금 순간의 만족(즉 안전함)을 추구하는 자아와, 충동을 억제하고 장기적인 목표를 이루기 위해 만족을 뒤로 미루는 자아가 함께 존재한다. 두 가지 자아 모두 결국은 자신의 모습이기에 인간은 그 사이를 오가며 살아간다. 때로는 체중을 줄이고 싶은 사람이 되었다가 때로는 야식을 먹고 싶은 욕망에 시달리는 사람이 되는 것이다.

이것이 바로 의지력과 도전과제를 정의해 준다. 나는 한편으로는 이것을 원하면서도 다른 한편으로는 저것을 원한다. 아니, 나의 현재 자아는 이것을 원하지만, 미래 자아는 저것을 해야 더 행복할 것이다. 두 가지 자아가 서로 원하는 바가 다를 때면 한 가지 자아가 다른 자아보다 우선할 수밖에 없다. 유혹에 굴복하기를 원하는 자아가 나쁜 것이 아니라 단지 가장 중요한 일에 대한 관점이 다를 뿐이다.

익숙해서 변화를 시도하지 못하는 사람들은 익숙함을 통해 안전함을 추구하는 본능의 손을 들어주고 있는 사람들이다. 인류의 역사는 약 5만년 정도라고 계산되고 있다. 그리고 그 시간의 99%는 수렵과 채집, 사냥을 하며 살아왔고, 그 DNA는 아직도 우리의 몸속에 유전되고 있다. 그때의 삶을 상상해 보면 우리의 삶과는 전혀 다른 모습이다. 매일이 위험으로 가득하고 긴장감을 늦추면 바로 생존이 위협당했을 것이다. 그렇게 인류가 진화하고 발전하여 지금의 우리까지 오게 되었다. 그래서 우리는 안전함이라는 본능에 그렇게도 취약하다. 하지만 생각해 보자. 인류의 역사상 이보다 더 식재료를 구하기 쉽고 추위를 피하기 쉬운 안전한 시대는 없었다. 더 이상 안전함이 최우선 순위가 될 필요가 없다.

그럼 이제 필요한 질문은 명확해진다. 나는 지금 행복한가. 삶의 낙이 무엇인가. 나는 어떤 변화가 필요한가. 머물러 있는 것이 아닌 성장을 위해 한 걸음 나아가기를 결심했다면 가장 먼저 멀어져야 하는 것은 바로 익숙함이다. 우린 결코 긍정적인 것에만 익숙해지지 않는다. 우리는 마음속으로 불편해하는 문제들, 목표가 있지만 도달하지 않도록 발목을 잡는 게으름, 나를 스스로 깎아내리는 감정과 행동 등 부정적인 것들에도 젖어있다. 이것들은 모두 불행한 안전 상태만을 유지할 뿐이다. 남아 있는 삶에 존재할 수많은 변화와 성장을 위해 오늘 내가 버려야 할 익숙함은 무엇일지 생각해 보자.

2장

관계 속에서
자꾸 힘든가요

남들에게 어떻게
보이고 있을까

독일 분석심리학자 융(Jung)은 우리가 타인에게 보이려고 사용하는 사회적 가면을 '페르소나(Perzona)'라는 단어로 설명했다. 페르소나는 '가면'을 뜻하는 희랍어에서 비롯되었는데, 한 개인이 사회적 요구들에 대한 반응으로 가지는 공적인 얼굴을 의미한다. 즉, 사람들은 회사에서는 부하로서, 상사로서, 가족 내에서는 딸로서, 혹은 배우자로서, 엄마로서 역할하며 그때그때 필요한 가면을 쓴다는 것이다. 이런 가면들은 우리의 성격을 만들어낸다. 'personality(성격)'이란 말이 페르소나와 같은 어원에서 비롯된 것을 착안한다면 남에게 보이는 역할에 따른 성격이 우리에게도 있음을 쉽게 알 수 있다.

그런데 이런 가면과 실제 자신의 자아가 지나치게 다른 경우, 가면 속에서 갈등을 느끼게 된다. 어느 날은 자신의 가면이 너무 크거나 너무 작다고 느껴지기도 하고, 때로는 불편하다고 느껴지기도 한다. 어떻게 '보이는가'가 중요해진 시대이다. 과거보다 더 쉽게 여러 경로로 타인에게 자신을 노출하는 기회가 많아진 요즘, 나의 가면이 스스로에게 어떤 감각으로 다가오는지 생각해 볼 필요가 있다. 딸, 아내, 엄마, 상사, 부하, 둘째, 수강생, 강사 등 어떤 상황인가에 따라 사회적 역할과 가면은 변화한다. 나에게는 몇 개의 가면이 있을까. 그리고 그 가면 중 가장 자주 사용하고 있는 것은 무엇일까.

융은 우리가 이 가면을 적절한 시기에 벗어놓고 편안한 상태로 있어야 한다고 설명했다. 그래야 또 필요한 때에 이 가면을 다시 꺼내 쓰고 타인 앞에서 적절히 대응할 수 있기 때문이다.

적응을 위해 만든 사회적 가면들

아름다운 여인이 손에 가면을 들고 있다. 검정 베일을 쓰고 깊게 파인 가슴을 드러내 보이며 황금빛 십자가 목걸이를 하고 있다. 이는 영국의 로코코 화가 헨리 로버트 몰랜드(Henry Robert Morland)가 그린 〈가면을 벗은 수녀〉라는 작품이다. 그림 속 주인공은 검은 베일과 십자가로 작품 제목에 있는 수녀 분위기를 풍기고 있다. 그러나 신심 충만한 수녀로 받아들이기에는 뭔가 수상쩍어 보인다. 손에 든 가면은 또 뭔가. 가면은 본래 얼굴을 의도적으로 가릴 때 쓰는 물건 아닌가. 그림 속 여인의 정체를 추정할 수 있는 요소들이 충돌하고 있는 상황이다.

'수녀'라는 제목에 흔들리지 말고 '가면'으로 여인을 판단해야 한다. 수녀는 그녀의 가면일 뿐, 실상은 관능적으로 가슴을 드러내며 남자들을 유혹하는 매춘부이다. 당시 유럽 귀족사회에는 가면무도회가 대유행이었다. '가면'을 쓰고 만나 욕망을 분출하던 시대였다. 매춘부뿐만 아니라, 특별한 이유로 신분을 감추고 이성을 만나야 했던 사람들에게 가

헨리 몰랜드, 〈가면을 벗은 수녀〉, 1769

면무도회만큼 좋은 무대는 없었을 것이다.

마찬가지로 페르소나는 적응의 가면이다. 그렇기에 적재적소에 활용하는 것은 자신에게 유리하게 작용하지만, 그와 반대로 가짜 가면을 덧붙이고 덧붙이다 보면 진짜의 나와 완전히 멀어질지도 모른다. 좀 더 그럴듯해 보이기 위해, 좀 더 나은 사람으로 보이기 위해 썼던 가면이 이제는 원래의 얼굴로 돌아오기 어려울 정도로 두꺼워질 수도 있기 때문이다.

보는 사람에 따라 다르게 보이는 얼굴들

타인을 평가하는 기준에 있어 '어떻게 보이는가'는 상당히 큰 비율을 차지한다. 누군가를 평가하고 판단할 때, 모든 인물을 심도 있게 고려하여 접근하는 것은 어렵기 때문이다. 그렇기에 SNS에서 비춰지는 모습들, 명함, 보이는 간판, 혹은 누군가를 통해 들은 그 사람에 대한 이야기가 타인을 평가하는 중요한 요소가 되어버린다. 그러나 정보를 제공하는 사람이 어떤 부분을 강조하는가, 또 어떤 정보를 전달하고자 하는가에 따라 같은 대상이더라도 전혀 다르게 해석될 수도 있다.

여기 같은 인물을 그린 2개의 그림이 있다. 주인공 여성의 이름은 유디트(Judith)이다. 그녀는 고대 이스라엘 여성으로, 적장인 아시리아 왕 홀로페르네스의 목을 베고 위기에 처한 주민들을 구한 인물로 전해져 내려오고 있다. 임진왜란 때 적장을 껴안고 진주 남강에 몸을 던진 기생 논개와 비슷하다. 유디트라는 인물이 워낙 흥미로웠기에, 불로뉴, 루카스

크리스토파노 알로리, 〈유디트〉, 1613

구스타프 클림트, 〈유디트〉, 1901

엘더, 요한 리스, 젠틸레스키, 시라니 등 다양한 화가들에 의해 해석되어 화폭에 옮겨지기도 했다.

그중 바로크 시대의 화가 알로리(Christofano Allori)는 묵묵하게 본인의 해야 할 일을 해내는 영웅의 모습으로 유디트를 묘사했다. 이 그림으로 유디트를 접한 사람들은 유디트의 숭고하고 용기 있는 모습에 박수를 보낼 것이다. 그림 속 유디트는 성스러운 애국열사로서 적장의 목을 손에 들고 굳건하게 자신의 신념이 옳았음을 확인하고 있다.

반면에 구스타프 클림트(Gustav Klimt)가 그려낸 금빛 배경 속 유디트는 관능적인 표정을 지으며 적장의 목을 들고 있다. 적장의 목은 오른쪽 아래에 대부분 잘려 그려져 있고, 중요하게 다루어지고 있는 것은 적장이 유혹을 당해 목숨을 잃을 만큼 대단했던 그녀의 성적 매력이다.

그의 대부분 그림에서는 여성과 성이 주요한 주제로 활용되고 있는데, 〈유디트〉도 이와 크게 다르지 않다. 클림트는 "성은 삶의 가장 결정적 요소이다"라고 말하며 수많은 여성들과 관계를 가졌고, 사후에 14명이 친자확인 소송을 했을 정도였다. 마찬가지로 그림 속 유디트는 아무렇지 않게 걸친 옷과 흘러내리는 옷 사이로 보이는 가슴, 복잡한 장식이 드러난 황금 목걸이와 장식, 황금배경 앞 화려하고 매력적인 모습이 특징적이다. 이 그림은 유디트의 행위나 이야기에 초점을 맞추기보다는 인물의 관능적인 모습에 집중하여 제작이 되었다.

클림트의 그림으로 유디트를 접한 사람들은 유디트를 한 명의 요부 정도로 판단할지도 모른다. 그러나 알로리의 그림으로 유디트를 접한 사람들은 유디트를 영웅으로 판단할 것이다. 유디트라는 인물의 본질은 변하지 않았지만, 어떤 부분을 더 크게 보는가에 따라 그녀에 대한 평판은 이토록 달라질 수 있는 것이다.

　이와 같이 겉으로 보이는 것에 대한 중요성을 사람들은 너무나도 잘 알고 있다. 같은 사람을 보더라도 제공되고 강조된 정보들에 따라 전혀 다른 사람으로 평가될 수 있다. 노처녀, 아이 엄마, 이혼녀와 같은 사적인 부분부터 과장, 대표, 경력 단절녀와 같은 일적인 부분, 그리고 SNS에 비추어지는 한 사람의 삶의 양식까지, 남들에게 비춰지는 모습들을 신경 쓰지 않고 살기란 쉽지 않다.

보이는 것 중 진실은 얼마나 될까

에드가 드가(Edgar De Gas)는 발레리나 그림으로 알려진 인상주의의 대표 화가이다. 그의 그림 속에서는 아름다운 여성이 자주 등장하는데, 사실상 그가 나타내고자 한 것은 여성의 아름다움이 아니었다. 심지어 그는 여성의 추악한 모습을 드러내고 싶어 했으니, 보이는 것과 실제의 모습이 얼마나 큰 간극을 가질 수 있는지 놀라울 따름이다.

　드가는 미술사에서 보기 드문 여성 혐오 화가였으며, 여성의 불행을 간절히 원했고, 평신을 독신으로 살다 생을 마감했던 화가이다. 그 배경은 어린 시절로 거슬러 올라간다. 드가가 열세 살이던 시절, 그는 자신의 어머니와 삼촌의 외도를 목격하게 된다. 흑인과 백인 사이에서 태어난 미인이었던 어머니가 부유한 은행가인 아버지를 배신하고 삼촌과 내연관계에 빠진 것이었다. 드가의 아버지는 가족을 지키기 위해 어머니를 용서했지만 그 사건 이후 드가의 가정은 완전하게 무너지게 된다. 그 시간을 거치며 드가는 여자에 대한 거부감이 생겼고, 어머니가 불행해지기를 바랐던 소년은 여성 전체를 혐오하는 성인 남성으로 자란다. 그는 여러 인터뷰를 통해 "이 세상 여성들이 모두 불행해지기를 바란다", "여성들과 이야기를 하느니 울어대는 양떼들과 있는 것이 낫다"고 이야기한 바 있다.

여성이 역겹고 끔찍한 존재라고 생각한 드가는 여성의 추악함을 세상에 드러내기 위해 그림을 그리기 시작한다. 그가 선택한 방법은 혐오의 대상을 아름다운 모습으로 포장해 그 안에 존재하는 추악함을 극대화시켜 드러내는 방식이었다. 그리고 그 대표적인 소재가 발레리나였다.

과거에는 발레리나라는 직업이 가난한 소녀들의 전유물이었다. 소녀들은 발레리나가 되어 가난을 탈피하고 싶어 했고, 그러기 위해서는 스폰서가 필요했다. 돈 많은 스폰서에게 생활비를 받아 집안에 보탬이 되어야 했던 것이다. 드가가 생각하기에 발레리나는 매춘부와 다를 것이 없었다.

드가의 그림 〈스타〉에는 화려하게 무대에서 춤을 추고 있는 발레리나가 보인다. 그리고 무대 뒤편에는 양복을 차려입은 한 남자가 서있다. 이 남자는 오늘 무대에 오른 발레리나의 스폰서이고, 이 남성과 발레리나가 무대 공연을 마친 후 무엇을 할지는 너무나도 뻔한 일이었다. 그러나 그 실체를 모른 채 감상하는 사람들에게는 그저 아름다운 여성을 사랑한 한 남자의 작품으로 보일 뿐이다.

에드가 드가, 〈스타〉, 1876

보이는 게 다가 아니니까

보이는 것이 실제로 존재하는 모든 것을 대변하지는 않는다. 그 사실을 대부분의 사람들이 잘 알고 있지만, '어떻게 보이는가'는 지금의 시대를 살아가는 데 있어서 결코 무시할 수 없는 부분이다. 누군가에 대해 평가하고 판단하는 것이 그다지 새로운 일도 아니고, 자신 역시 다른 이들에 의해 쉽게 평가 대상이 된다. 때로 누군가는 사회적 자아와 개인적 자아를 완전히 분리하려 애쓰기도 한다. 그러나 타인에게 보여지는 용도로 만든 모습이 실제 자신의 모습과 간극이 크게 벌어질 때, 그 불균형의 불협화음은 심리적 고통으로 다가오기도 한다.

자신에게 너무 무거운 가면 혹은 맞지 않는 가면은 자신의 원래 얼굴에 생채기를 낸다. 그럼에도 불구하고 계속 사용할 경우, 가면에 맞추느라 억지로 우겨 넣다가 기존의 얼굴이 기억나지 않을 만큼 변해버릴 수 있다. 가짜 자아, 사회적 성격이 진짜 나를 사라지게 만들어버리는 것이다.

그러니 이제는 원래의 내 모습을 찾아보자. 나는 원래 어떤 사람이었나. 나는 무엇을 좋아했던가. 나는 원래 무엇이 되고 싶던 사람이었던가. 내가 이 일을 처음에 왜 시작했던가. 나는 결혼을 하면서 무엇을 기대했던가. 10년 전 나는 지금의 내가 어떤 모습이기를 바랐던가….

가면을 벗고 편안하게 본래의 나로 돌아갈 수 있는 시간을 많이 만들어야 한다. 아주 짧더라도 분명 있을 것이다. 샤워를 하는 시간, 잠이 들기 전의 시간, 하늘이나 창밖을 바라보는 시간 등. 이 시간들이 주어질 때 잠시 가면을 벗고 온전히 나로 있어보자. 늘 갑옷을 두르고 있거나 전쟁에 나갈 준비를 할 필요는 없다. 나를 위해 쓸 수 있는 시간들을 그대로 두자. 우리는 이것을 '쉼'이라고 부른다.

더 나은
내가 되기 위한 힘

우월감과 열등감. 우월감은 자신이 다른 사람보다 상대적으로 더 우월하다고 여기는 생각이나 느낌을 이야기하고, 열등감은 반대로 자신이 다른 사람에 비해 뒤떨어졌다고 느끼는 감각을 의미한다. 매우 익숙하고 일상생활에서도 자주 사용되는 단어이지만, 보통은 부정적인 뉘앙스의 단어로 사용된다. 그러나 우월감과 열등감 모두 잘 사용한다면 우리 삶을 긍정적으로 나아갈 수 있게 만드는 큰 힘이 된다.

그래서 독일의 심리학자 알프레드 아들러(Alfred Adler)는 우월감과 열등감에 대해, 사회적 존재로서의 인간이 반드시 가져야 하고 "잘 사용해야 하는" 적극적 개념이라고 설명하며, '사용의 심리학'을 강조한다. 아들러는 경제적 조건, 부모의 직업, 부모의 관심, 형제, 키, 성격적 기질, 재능, 외모 등 우리가 유전적으로 혹은 환경적으로 가진 여러 요소들을 일종의 벽돌이라고 생각했다. 그래서 가지고 있는 이 벽돌들을 어떻게 사용해서 어떤 집을 짓느냐가 중요하다고 보았다.

또한 아들러는 열등감을 가지고 있는 요소가 있다면 다른 부분을 통해 자존감의 평균점을 상승시키려는 노력을 하게 된다고 말했다. 여러 가지 요소들이 고루 평균치를 가지고 있는 사람도 있지만, 특정 수치가 높고 특정 수치는 낮은 사람도 존재한다. 오랫동안 앉아서 공부하고 일을 처리할 수 있는 사람이 있는가 하면, 한 자리에 오래 있지는 못하지만 순간적인 아이디어 회전율이 높은 사람도 있다. 건강과 체력을 타고난 사람도 있고, 암기력과 지성을 타고난 사람도 있다. 창조성, 판단력, 친절함, 유머감각, 친화력 등 다양한 요소들을 가지고 태어난 사람들은 그것을 자신에게 가장 잘 맞는 방식으로 '사용'한다. 그래서 낮은 수치의 요소와 다른 수치의 평균을 맞추는 것이다.

장애를 예술로, 툴루즈 로트렉

프랑스의 인상주의 화가 툴루즈 로트렉(Henri de Toulouse-Lautrec)은 열등감을 미술이라는 예술적 행위로 연결시킨 대표적인 작가로, 그의 삶에서 장애는 불편함이기도 했지만 창조적 원천이기도 했다.

툴루즈 로트렉은 프랑스의 한 귀족 집안에서 태어났다. 과거 귀족들은 순수한 혈통을 유지하기 위해 근친결혼을 하는 경우가 있었는데, 로트렉의 부모님도 사촌끼리 결혼을 했던 경우였다. 유전적 성장장애를 가진 채로 태어난 로트렉은 보통 사람보다 충격에 약하고, 회복력이 낮았다. 그런 로트렉이 14세가 되던 해 의자에서 떨어지는 작은 사고를 당하게 되었는데, 그로 인해 그의 성장은 그대로 멈춰버리고 만다. 멈춘 성장으로 인해 좌절감에 시달리던 그에게 활기를 불어넣은 것이 연필 드로잉이었다.

그림은 당시 귀족들에게 하나의 취미생활이었기에 로트렉이 그림을 접하는 것은 어려운 일이 아니었다. 그의 아버지는 아들과 함께 자신의 취미생활인 승마를 하길 원했던 터라, 장애로 인해 외부 활동을 할수 없게 된 아들을 점차 무심하게 대했고, 아들의 취미에는 그다지 관심을 보이지 않았다. 하지만 그의 어머니는 몸이 불편한 아들이 그림에 관심을 보이자 적극적으로 지지해 주었다. 덕분에 로트렉은 18세가 되던해 우울했던 집을 떠나 파리로 유학을 떠난다. 어머니는 그의 아들을 위해 유명 화가였던 페르낭 코르몽(Fernand Cormon)을 미술 스승으로 붙여주었다. 파리로 간 로트렉은 몽마르트에 위치한 코르몽의 화실에서 그림을 그리며 당시 프랑스로 유학을 왔던 네덜란드의 화가 빈센트 반 고흐(Vincent Van Gogh)를 만나는 등 당대의 인상주의 화가들과 친분을 쌓게된다.

차별 없는 공간, 물랭루주

화가의 길을 걷기 시작한 로트렉이 파리에서 가장 관심을 가졌던 곳은물랭루주였다. 물랭루주는 귀족부터 예술가, 지식인, 매춘부까지 신분에상관없이 각종 사람들이 모여 돈만 있으면 얼마든지 즐기는 것이 가능한장소였다. 유복한 로트렉은 물랭루주에서 장애인이 아닌 자연스럽게 술을 마시고 즐기는 한 명의 사람이 될 수 있었다. 그러면서 로트렉은 귀족신분이면서도 장애가 있어 여러 가지 면에서 추락한 자신과 달리, 건강한몸을 가지고 있으면서도 스스로를 타락시키고 있는 다른 사람들을 풍자

툴루즈 로트렉, 〈물랭루주에서〉, 1892

하기 시작한다. 유복한 귀족으로서의 로트렉이 아닌 화가 로트렉으로서의 시선이었다.

　로트렉은 그림 속에 자신을 담는 것을 좋아했다. 그의 그림 속에 담긴 그는 로트렉 자신이기도 했지만, 때로는 장애인이자 사회적 소수자로서의 상징적인 자신이기도 했다.

틀루즈 로트렉, 〈침대에서의 키스〉, 1892

　　1892년 작 〈물랭루주에서〉는, 그림 위쪽에 검은 옷에 중절모를 쓰고 있는 키 큰 한 명의 남자가 지나가는 것을 볼 수 있다. 언뜻 보기에는 한 명으로 보이지만, 자세히 보면 바로 옆에 키 작고 존재감이 옅은 한 사람의 남자가 함께 걸어가고 있다. 이 키 작은 남자가 로트렉이다. 로트렉이 물랭루주를 사랑했던 이유가 여기에 있다. 상류사회에서 늘 놀림거리이자 조롱의 대상이었던 자신이 이곳에서는 눈에 띄지 않을 정도로 평범한 사람 중 한 명이 될 수 있었기 때문이다.

1892년 작 〈침대에서의 키스〉는 그림 속에 로트렉이란 사람이 담겨있진 않지만, 사회적 소수자로서 그의 정체성이 담겨있는 작품이다. 로트렉은 물랭루주에서 만난 사람들을 모델로 그림 그리는 것을 즐겼는데, 작품 〈침대에서의 키스〉에는 로트렉과 친분이 있었던 물랭루주의 매춘부들이 입을 맞추고 있는 모습이 그려져 있다. 매춘부이면서 동성 연인 관계인 두 여성은 소수자 중에서도 소수자이지만 그림 속에서 순수하게 서로를 사랑하고 있다. 로트렉은 장애인도, 매춘부도, 동성애자도 그저 평범하게 받아들여야 하는 일상 속 주변 사람 중 하나임을 말하고 싶었을지 모른다.

예술로 인정받지 못했던 포스터 작업

로트렉이 활동하던 19세기의 유럽에서, 포스터는 저급한 그림 작업에 불과했으며 품격 높은 미술의 장르로는 인정받지 못했다. 이러한 포스터 장르를 예술의 장르로 승화시키기 위해 소수의 작가들이 노력을 했는데, 스위스에서는 알렉상드르 슈타이렌이, 프랑스에서는 로트렉이 함께 했다. 당시 일부 예술가들은 포스터를 종교화, 인물화, 풍경화와 같은 하나의 그림 장르가 아닌 그저 '저급한 끄적거림'이라고 칭하기도 했다. 미술이란 캔버스에 유화로 그려 살롱에서 선택받아야 하는 것인데, 종이에 인쇄되어 나오는 포스터는 그저 종이쪼가리에 불과하다는 이유였다.

그럼에도 로트렉은 저급한 끄적거림인 포스터를 그리는 길을 택했다. 로트렉은 정식 예술로 인정받지 못하는 포스터가 마치 장애를 가진

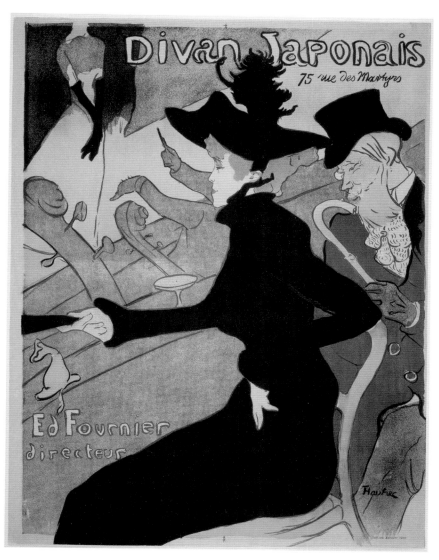

툴루즈 로트렉, 〈다방 자포네〉, 1892

알렉상드르 슈타이렌, 〈검은고양이 여행〉, 1896

자기 자신과도 같다는 생각을 했고, 영혼을 담은 포스터 작품을 남김으로써 자신의 열등감을 창작으로 승화시켰다. 1892년 작 로트렉의 〈다방 자포네〉는 언뜻 보기에도 단순하면서도 감각적이다. 마치 현대의 그래픽 아트와도 비슷한 느낌이다. 같은 시기에 활동했던 슈타이렌과 로트렉은 포스터의 작업 방향에서의 공통점을 가지는데, 사회에 대한 비판적 시각을 무겁거나 불편하지 않게 가볍고 간결한 포스터로 세상에 남겼다는 점이다. 19세기 유럽, 유화로 화려하게 야외의 빛을 담던 인상주의 작품들과 비교할 때, 단순한 선과 색으로 작업된 그의 포스터는 전혀 인정받지 못했다. 그러나 21세기에 이르러, 로트렉의 〈다방 자포네〉는 현대 그래픽 아트의 선구자라 불리며 재조명되고 있다. 그렇게 로트렉은 상류사회를 풍자하고 사회적 소수자를 위한 차별 없는 시선을 그려냄으로써, 그만의 방식으로 편견과 차별에 맞서 싸웠다.

열등감을 잘못 사용한다면

열등감은 혼자서 생기는 개념이 아니다. 키가 작다는 열등감, 능력이 부족하다는 열등감, 돈이 없다는 열등감은 다른 누군가와 비교하면서 생겨나는 감정이다. 만약 비교 대상이 없다면, 자신이 가지고 있는 것들의 적고 많음에 대해 판단할 기준도 없었을 것이다. 불완전하게 태어난 인간들은 사회 속에서 살아가면서 비교와 평가를 통해 열등감과 갈등을 경험하게 된다. 인간은 사회적 존재이기 때문에 필연적으로 열등감을 느낄 수밖에 없지만, 분명 더 나아지기 위해 노력하는 원동력이 될 수도 있다.

아주 사소한 부분들에서도 이 원리는 작동한다. 부모로부터 물려받은 돈이 없으니 스스로의 경제적 능력을 더 키우려 노력한다. 타고난 얼굴이 예쁘지 않으니 운동을 하고 식단 관리를 해서 몸매를 더 멋지게 가꾸려고 노력한다. 좋은 대학을 졸업하지 못했으니 사업적으로 성공해 학벌은 필요 없다는 것은 증명하려 노력한다. 일 처리 능력이 부족하니 사회적으로 성격적으로 더 좋은 사람이 되려고 노력한다. 이러한 행동의 상당 부분은 열등감을 극복하고 더 나아지려는 인간의 본질적인 노력이 반영되어 있다.

그러나 열등감이 좋지 않게 사용된다면 이는 '열등감 콤플렉스'라는 잘못된 방향으로 흘러갈 수 있다. 열등감을 극복하고 건강하게 우월해지는 것이 아닌, 부정적인 행동만을 반복해서 우월감을 느끼려는 것이다. 이를 위해 가장 많이 활용되는 행위가 상대를 끌어내리는 것이다. 예를 들어 연예인과 같이 유명한 사람의 기사에 사적인 이야기를 폭로하거나 그 사람의 불행을 예견하는 글을 쓰는 것은 그 연예인을 순간적으로 열등하게 만들어 자신이 우월해지는 감각을 느끼게 한다. 현실에서의 '뒷담화'도 마찬가지이다. 우월한 한 명을 열등한 다수가 깎아내릴 때 '다른 사람의 인정도 받지 못하는' 불쌍한 인물이 만들어지면서 뒷담화를 하는 다수는 순간적인 우월감을 얻는다.

심지어 내가 우월해질 수 없다면 나머지를 모두 없애버린다고 생각하는 극단적인 사람들도 있다. '내가 가질 수 없다면 부셔버리겠다'는 접근이다. 그들은 그렇게 함으로써 자신이 모두 통제할 수 있다는 우월감을 느끼려 한다. 사회에서 무시를 당하며 느끼는 열등감을 방화나 폭력을 통해 해결하려는 사람들이 이에 해당한다.

우월감을 느끼기 위한 또 다른 방식은 타인을 괴롭히면서 주인공으로 남으려는 시도이다. 남녀관계에서는 소유나 집착을 하며 우월한 지위를 유지하기도 한다. 또는 자신이 얼마나 불행한지를 다른 사람들에게 설명하기도 한다. 불행은 벗어날 수 없으니 그 불행을 이용하여 남의 관심과 특권을 누리려고 시도하는 것이다.

건강하게 열등감 사용하기

열등감의 근원을 보완하고 개선할 가능성이 있다면 머무르기보다는 변화의 노력이 수반되어야 한다. 예를 들어 일을 하는데 영어를 못해 열등감을 느낀다면 영어 공부를 더 하면 된다. 이때의 열등감은 부족한 면을 알게 해주고 성장하게 만드는 원동력이 될 수 있다. 그러나 영어 공부를 방치한 채 '부모님이 어학연수를 보내줬더라면 영어를 잘했을 거야'와 같은 사고에 몰두하는 것은 열등감 콤플렉스를 강화할 뿐이다.

두 번째로 인간은 사회 안에서 존재하기 때문에 사회적 적응과 열등의 문제는 동전의 양면과도 같다는 것을 인식해야 한다. 열등감을 벗어날 수 있는 가장 손쉬운 방법은 상대로부터, 사회로부터 회피하여 혼자가 되는 것이다. 그러나 그것은 결코 해결책이 될 수 없으며 스스로를 고립시킴으로써 새로운 열등감을 만들어낼 뿐이다. 우리는 사회 안에서 열등감을 건강하게 사용할 방법을 적극적으로 모색해야 한다.

마지막으로 열등감을 창조적 원천으로 사용하기 위해서는 열등감이 정상적인 감정이라는 것을 받아들일 필요가 있다. 우리가 자라온 사회에서 열등감은 늘 좋지 않은 단어로 사용되어 왔다. 그렇기에 자신이 가지고 있는 신체적, 사회적, 경제적, 감정적 열등감을 수치심과 같은 부정적 감정들과 연계하여 인식하는 경우가 많다. 그러나 내 안에 존재하는 모든 모습은 결국 '나'라는 하나의 인격을 이루는 여러 요소 중 하나이다. 자신이 가지고 있는 여러 모습이 통합되고 화해를 이루었을 때, 열등감을 받아들이고 긍정적으로 활용할 수 있을 것이다.

나는 너를
바꿀 수 있을까

갈등(葛藤), 개인이나 집단이 가지고 있는 두 가지 이상의 목표나 정서들이 충돌하는 현상이다. 칡과 등나무가 얽혀있는 듯 누군가와 누군가 사이에서 일어나는 문제들을 갈등이라고 한다. 갈등이 없는 사람이 어디 있겠으며, 갈등을 모두 해소하고 살아가는 사람이 어디 있겠는가.

갈등을 구성하는 네 가지 요소

뭉크의 〈툴라 라르센과 자화상〉에는 뭉크가 사랑했던 마지막 여인 라르센과 뭉크 자신이 등장한다. 결혼을 하고 싶어 했던 여자친구와 결혼을 원치 않았던 뭉크 사이에 굵은 세로줄이 그어져 있어, 이 둘의 갈등을 극명히 보여준다. 심지어 뭉크는 그가 불안의 상징으로 많은 작업에 사용했던 녹색 자화상을 배경에 그려 넣기까지 한다.

　　인간이 갈등을 가지는 원인은 사람과 사람 사이의 관계 때문이다. 누군가와의 관계가 없다면 갈등을 가지게 될 이유도 없다. 그렇기에 인

에드바르트 뭉크, 〈툴라 라르센과 자화상〉, 1905

간관계를 구성하는 요소들을 살펴보고 우리가 무엇을 바꿔나갈 것인가에 대해 살펴본다면 갈등을 극복하는 방법과 가까워질 수 있다. 인간관계를 구성하는 네 가지 요소는 나, 너, 관계, 그리고 환경이다.

명절 날 발생하는 갈등을 예를 들어보자. 내가 있고, 시어머니가 있고, 고부관계가 있고 시댁이라는 환경이 있다. 먼저, 환경을 바꾼다고 가정했을 때 시댁에 가지 않으면 순간적인 갈등은 사라질 수 있다. 다만 이런 식으로 환경을 계속 바꿀 수 있는 상황이라면 모르겠지만, 그게 아니라면 미봉책일 가능성이 높고 추가적으로 남편과의 갈등이 생길 수도 있다.

두 번째로는 관계를 바꿀 수 있다. 시어머니와의 관계를 끊어버리려면 이혼을 하면 된다. 그러나 보통 우리가 관계를 바꾸지 않고 갈등을 안고 가는 것은, 관계를 유지함으로써 얻는 혜택이 더 가치 있다고 판단하기 때문이다. 그렇다면 이제 너와 내가 남는다. 여기서 생각해 봐야 할 것은, 갈등이 발생하는 상대방을 과연 바꿀 수 있을까에 관한 것이다. 과연 시어머니를 바꿀 수 있을까. 갈등이 발생하는 상대방의 특정 행동을 수정하는 것은 가능하나 그 사람의 가치관, 태도, 신념을 바꾸는 것은 어렵다. 그렇다면 남는 것은 결국 내가 될 것이다.

관계 갈등에 있어서 나를 바꾼다는 것은 그냥 참고 지내라는 뜻이 아니다. 내가 이 관계를 유지해야 한다면 그 관계에서 겪는 고통을 줄여보자는 게 핵심이다. 미움이 커져 똘똘 뭉친 감정은 상대방의 한마디 말과 눈빛 하나에도 좌절감을 느끼게 만든다. 하지만 어떻게 상대방을 대하는가에 따라 우리는 조금 덜 불행할 수 있다. 지금 당장은 내가 손해 보는 것처럼 느껴질 수 있지만, 길게 보면 오히려 내가 낭비할 에너지와 시간을 줄이는 방법이다. 억울한 감정을 모두 해소하고 살 수는 없지만 그 감정이 자신을 갉아먹는 상황을 최소화할 수 있다. 그리고 그 안에는 내가 판단의 중심이 될 수 있다는 주도적인 믿음이 필요하다.

당신이 불행해지길

그리스 로마 신화에는 미의 여신 아프로디테가 존재한다. 벨라스케스 (Diego Rodríguez de Silva y Velázquez)의 〈거울 속의 아프로디테〉는 아들 에로스가 아프로디테를 위해 거울을 들고 있는 모습이 그려져 있다. 그녀는 자신의 아름다움에 늘 도취되어 있었고, 자신이 세상에서 가장 아름다운 여인이라 믿었다. 하지만 프시케 공주의 등장은 아프로디테의 심기를 불편하게 만든다.

아프로디테가 눈에 보이지 않는 가상의 여신으로 여겨졌던 반면 프시케는 인간이며 눈에 보이는 절세미녀였기에, 시간이 갈수록 아프로디테의 신전에 향하던 관심이 프시케에게 기울게 된다. 아프로디테의 제단을 돌보는 이들조차 프시케의 외모를 한 번 보고 나면 여신에게서 발길을 돌렸다. 이에 화가 난 아프로디테는 자신의 아들 에로스를 프시케에게 보내 세상에서 가장 비천하고 혐오스러운 남자와 사랑에 빠지도록 금화살을 쏘라는 지시를 내린다.

"에로스, 내 아들아. 저 계집아이의 격에 어울리지 않는 아름다움에 벌을 내리거라. 이 어미의 한을 풀어다오. 저 계집아이가 받는 상처가 크면 클수록 이 어미의 기쁨 또한 클 것이니라. 저 교만한 계집아이의 가슴에 비천한 사내에 대한 사랑이 싹트게 하여, 지금 저 계집아이가 누리고 있는 기쁨과 승리감에 걸맞은 굴욕을 안겨주도록 하여라."

그러나 프시케의 아름다운 모습을 보고 놀란 에로스는 실수로 자신의 금화살에 손가락을 찔리고 만다. 프시케를 사랑하게 된 에로스는 다른 남자가 탐하지 않도록 쓴물을 그녀의 입술에 바르고, 매력을 상승

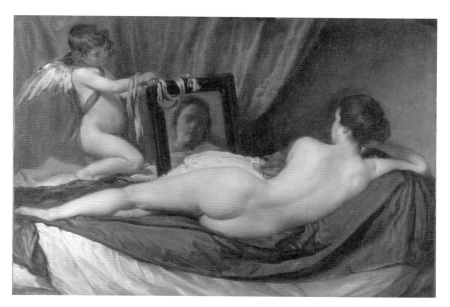

디에고 벨라스케스, 〈거울 속의 아프로디테〉, 1651

시키는 단물을 이마에 발랐다. 그 결과 아무도 그녀에게 청혼을 하지 않았고, 걱정이 된 왕과 왕비는 신탁을 받게 되는데 '신들조차 그 뜻을 거스를 수 없는 끔찍한 괴물'과 결혼할 것이라는 이야기를 듣게 된다. 결국 그녀는 산에 버려진다.

　　이 상황에서는 여러 가지 갈등들이 나타난다. 아프로디테는 가장 아름다운 존재임이 부정당하는 데에서 오는 스트레스를 프시케가 혐오스러운 남자와 사랑에 빠지게 계획함으로써 풀려고 한다. '너'를 바꾸려고 한 것이다. 아프로디테는 불멸의 여신이었고, 한낱 인간에 불과했던 프시케의 아름다움은 세월이 지나며 사라질 것임에도 불구하고 말이다.

피에르 폴 프뤼동, 〈프시케의 유괴〉, 1808

에로스는 어머니 아프로디테로부터 명령을 받아 프시케에게 갔지만 자신의 실수로 인해 사랑에 빠지게 된다. 여기에서도 에로스는 단물과 쓴물을 발라 '너'를 바꾸려고 했다.

피테스산 정상에 프시케를 두면 괴물이 그녀를 데려갈 것이라는 신탁을 믿은 프시케의 부모는 그녀를 산에 버린다. 이 모습을 지켜보고 있던 인정 많은 서풍의 신이자 에로스의 부하 제피로스는 무서움에 눈물을 흘리고 있던 그녀를 꽃이 가득한 궁전으로 옮겨주었다.

궁전은 화려했다. 황금 기둥과 수정 같은 샘물, 조각으로 꾸며진 벽과 예술품 등 아름다운 작품들이 가득한 궁전을 둘러보고 있을 때 어디선가 목소리가 들려온다. 여기 있는 모든 것은 프시케의 것이며 명령을 내리면 모두 받들겠다는 내용이었다. 모습도 보이지 않고 느껴지지는 않았지만 프시케는 시종들의 노래도, 음식도, 안내도 모두 받게 되었다.

밤이 되자 그녀의 남편이 침실로 찾아왔다. 검은 어둠 속에서 그녀는 그의 숨결과 손길은 느꼈지만 어떤 모습인지 확인할 수는 없었다. 심지어 그는 "당신이 내 얼굴을 확인하는 날이면 다시는 만나지 못하게 된다"는 말을 남기기도 했다. 남편과 함께 지내는 밤의 시간들, 그리고 모든 것이 갖춰진 낮의 시간들은 프시케에게 많은 충족감을 주었지만 아무도 보지 못하는 그녀는 외로움의 감정에 빠져들게 된다.

시기와 질투로 인한 갈등

임신을 하게 되면서 고향이 그리워진 프시케는 남편에게 언니들을 만날 수 있게 해달라고 부탁한다. 그는 처음에는 강하게 거절했으나 간절한 그녀의 부탁에 언니들의 호기심을 주의하라는 경고와 함께 허락을 해준다. 프시케와 마찬가지로 제피로스의 바람을 타고 궁전에 도착한 언니들은 너무나도 화려하게 살고 있는 프시케를 시기하기 시작했다. 어린 시절부터 외모의 화려함으로 인해 주목받던 동생이 결국은 자신들보다 훨씬 멋진 저택에서 여왕처럼 살고 있었으니 말이다.

질투. 다른 사람이 잘되거나 좋은 처지에 있는 것을 공연히 미워하고 깎아내리려 하는 것. 부러워하는 감정이 고양되어 격렬한 증오나 적의의 형태로 변화하는 것. 이는 반드시 두 사람 이상이 있어야 발현 가능한 감정으로 이 감정이 지나쳤을 때에는 상대방을 파괴해 버리고 싶은 강렬한 감정까지 이를 수 있다. 언니들이 프시케에게 느꼈던 것은 질투였다.

"아침만 되면 사라지는 너의 남편은 분명 끔찍한 외모의 괴물일 거야." 프시케의 행복을 질투한 언니들은 입을 모아 이야기했다. 언니들은 칼 한 자루를 쥐어주며 밤에 얼굴을 몰래 보고 그 모습이 괴물이면 칼로 찌르라고 이야기했다.

그렇게 언니들이 떠나고 나자 프시케는 남편과 언니의 말들 사이에서 갈등했다. 지금처럼 보지 못하는 남편과 외롭게 사는 선택, 남편이 괴물임을 확인하고 죽이는 선택. 프시케에게는 그 어떤 방법도 좋은 선택으로 보이지 않았다.

결국 갈등을 해결하려는 시도로 프시케는 '환경'을 바꾸려 했다. 밤에 얼굴을 보면 안 된다는 남편과의 약속을 깨고, 불을 켜고 얼굴을 보려고 한 것이다. 그날 밤 프시케는 등잔을 켜고 얼굴을 확인했는데, 놀

프랑수아 에두아르 피코, 〈에로스와 프시케〉, 1817

랍게도 침대에는 너무나도 아름다운 사랑의 신 에로스가 있었다. 손이 떨린 프시케는 등잔의 기름 한 방울을 에로스의 어깨로 떨어뜨렸고, 그는 그 자리에서 깨어나게 된다. 프시케가 환경을 바꾸려는 시도가 아닌 '나'의 믿음을 굳건히 하는 시도를 했다면 그 뒤의 상황은 달라졌을까. 혹은 그의 외모에 상관없이 산속에 버려질 뻔한 나를 이렇게 따뜻하게 지내게 해준 고마운 마음을 더 굳건히 했더라면 어땠을까. 혹은 밤중에 에로스를 만났을 때 아무 일도 없었다는 듯 넘어가지 말고 자신이 가지고 있는 걱정되는 마음을 보여주었더라면 어땠을까.

당신의 마음에 들고 싶어서

에로스는 그녀를 떠났고, 뒤늦은 후회를 한 프시케는 아프로디테를 찾아갔다. 이번에는 '관계'를 바꾸려 시도한 것이다. 아프로디테에 의해 시작된 모든 사실을 알게 된 그녀는 예비 시어머니를 찾아가 그녀를 며느리로 받아달라는 간청을 했다. 프시케를 마음에 들어 하지 않았던 아프로디테는 그녀가 이룰 수 없는 과업들을 지시하며 시험을 시작한다.

첫 번째는 온갖 곡물을 잔뜩 쌓아놓고 해가 떨어질 때까지 이들을 분류하는 것이었는데, 이때 개미떼가 도와 해내게 된다. 두 번째는 포악한 양떼의 황금 양털을 벗겨오는 것이었는데 갈대가 산들바람으로 양을 잠들게 한 뒤 털을 벗기는 방법을 알려주었다. 세 번째는 험준한 산 꼭대기의 샘물을 받아오는 것이었는데, 독수리가 항아리를 받아 샘물을 떠왔다. 이 모든 것은 에로스가 몰래 도와주어 가능한 일이었다.

존 윌리엄 워터하우스, 〈황금상자를 여는 프시케〉, 1903

마지막 시험은 저승에 가서 명계의 여신 페르세포네의 화장품 상자를 받아오는 것이었는데, 사실상 인간이 그곳에 갔다가 살아 돌아오는 일은 없었다. 아프로디테가 결국 자신을 받아줄 생각이 없다는 것을 안 프시케는 탑에 올라 죽음을 결심하는데, 이때 탑이 인간의 목소리로 저승에 다녀오는 방법을 알려준다. 그리고 절대 화장품 상자를 열지 말라는 당부를 했다. 그러나 프시케의 호기심이 상자를 열게 했고 그 안에서는 죽음보다 깊은 잠이 쏟아져 나왔다. 에로스가 프시케를 발견해 잠을 깨워주었고, 에로스가 제우스에게 간절히 부탁을 한 덕분에 이 둘은 정식 부부가 될 수 있었다.

처음에 프시케는 에로스에게 갑자기 산으로 납치를 당한 부당함에 대해 이야기할 필요가 있었다. 사람으로 살아왔기에 누군가와 함께하는 감각에 대해 그리워하고 있다는 것을 설명할 수도 있었다. 하지만 함께 설명하고 이해받는 과정이 그녀에게는 빠져있었다.

그러나 프시케는 아프로디테와의 갈등에서 '환경'과 '관계', 혹은 '너'를 바꾸려는 시도가 아닌 '나'를 바꾸어가며 계속 노력해 나갔다. 사랑을 얻기 위해, 그리고 이 모든 것을 통제하는 아프로디테의 마음에 들기 위해, 관계에서 필요한 갈등들을 해소하기 위해 무던히 애를 쓴 것이다.

기쁨을 위한 노력들

어느 정도의 깊이 있는 인간관계에 있어서는 무조건적으로 좋기만 한 사이가 존재하기 어렵다. 불편한 것은 조금씩 감수하고, 서로가 양보하고 맞춰 나가면서 관계가 유지되는 것이다. 그리고 그 강약 조절이 잘 되었을 때 우리는 웃으면서 상대방과 그 시간을 함께 보낼 수 있다.

제우스의 도움으로 여신이 된 프시케는 에로스와의 사이에서 딸 한 명을 얻게 되는데, 그녀는 기쁨의 여신 볼룹타스이다. 어려운 시간을 거쳤지만, 결국 아프로디테도 그들을 받아들였다. 관계의 갈등을 포기하지 않고 노력한 결과였다. 프시케(psyche)는 그리스어로 나비라는 의미인데, 오랜 기간의 애벌레 생활을 마치고 번데기를 거쳐 아름다운 나비가 되어 하늘을 날아오르는 것이 그녀의 삶과 비슷하다. 영단어 'psyche'는 마음과 영혼을 뜻하는 단어로도 사용되고 있는데, 이는 인간의 마음이 나비와 같은 기쁨을 얻기 위해서는 반드시 거쳐야 할 시간들이 있고, 얼마나 현명하고 슬기롭게 헤쳐 나가는가에 따라 얻을 수 있는 열매가 달라진다는 것을 상징적으로 보여주고 있다. 관계의 갈등 속에 있다면 '나'를 바꾸어볼 시간이다.

남에게서 찾는
나의 가치

남이 무언가를 부탁하면 쉽사리 거절하지 못하는 사람들이 있다. 좋은 사람으로서의 이미지를 계속 유지하고는 싶지만 속으로는 이건 아닌 것 같다는 생각이 들어 내면과 외면의 모순이 일어나는 사람들, 우리는 이런 사람들에게 '착한아이 증후군'이라는 이름표를 붙인다. 정말로 착한 사람들과는 다르다. 착한 사람들은 들어줄 수 있는 부탁은 흔쾌히 들어주지만, 들어주지 못하는 것에 대해서는 거절할 줄 아니까.

모두에게 인정을 받고 싶다는 신념을 가진 이들은 주변 사람들로부터 항상 사랑과 칭찬을 받으려 한다. 그리고 그 인정의 시작은 주로 부모가 된다. 우리는 상벌에 대한 개념을 어린 시절 부모와의 계약관계를 통해 처음 알게 된다. 나 또한 학부모들을 대상으로 자녀교육 강의를 할 때, 아이들에게 상벌을 적절하게 주는 것의 중요성을 늘 강조한다. 모든 인간은 태어나는 그 순간부터 자신에게 도움이 되는 것을 강화하고 자신에게 피해가 되는 것을 회피하려는 태도를 가지고 있기 때문이다.

분명 어린 시절을 떠올려보면, 말을 잘 들었을 경우 부모님이 칭찬이나 과자 등 보상을 주었을 것이고, 말을 잘 듣지 않았을 경우 혼이 나거나 가진 것을 박탈당하는 벌이 기다리고 있었을 것이다. 그런데 칭찬을 받을 것 같은 시점에서 칭찬을 못 받은 경험이 지속적으로 축적되며 성장한 사람들은 인정과 칭찬에 늘 목이 마르다.

아버지의 기대감에 미치지 못했던 아들

폴 세잔(Paul Cézanne)은 프랑스의 남쪽 끝에 있는 엑상프로방스에서 태어났다. 빈센트 반 고흐, 폴 고갱과 함께 프랑스 후기 인상주의의 3대 화가로 손꼽히는 그이지만, 살아생전 세잔은 대중으로부터, 그리고 부모로부터 인정받지 못했던 비운의 화가였다.

　　세잔의 아버지는 고지식하고 완고한 사람이었다. 늘 자신의 말이 옳다고 여겼고 아들의 의견은 쉽게 무시했다. 아버지는 아들이 자신의 은행을 물려받기를 원했지만 세잔은 그림을 그리고 싶어 했다. 잠시 아버지의 은행에서 일한 적은 있으나 친구인 에밀 졸라와 어머니의 설득으로 미술의 길을 걷는다.

　　에밀 졸라는 세잔이 열세 살 때 학교에서 만난 친구였다. 고향인 엑상프로방스에 있을 때 혼혈이라는 이유로 놀림을 받던 졸라를 세잔이 여러모로 도와주었고, 오랜 시간 우정을 단단히 쌓아왔다. 같이 산과 들에 놀러 다니고, 사냥과 수영을 같이 했다. 졸라는 글 쓰는 것에, 세잔은 그림 그리는 것에 관심이 많았기에, 그들은 나중에 졸라가 글을 쓰고 세잔이 삽화를 그려 책을 함께 만들자는 꿈도 키워나갔다. 세잔의 아버지는 자신의 아들에게 자꾸 미술의 바람을 불어넣는 졸라가 탐탁지 않았

폴 세잔, 〈레벤망〉, 1866

지만, 졸라가 빠른 시간 안에 글을 통해 자리를 잡기 시작하자 태도를 바꾸고, 졸라에 비해 세잔이 재능이 없음을 강조하기 시작한다.

세잔이 그린 아버지의 초상화 〈레벤망〉은 에밀 졸라가 1866년에 미술평론을 썼던 신문 이름이기도 하다. 사회적 명성과 돈을 중요하게 여겼던 아버지는 분명하게 눈에 보이는 성공이 있는데 그것을 외면하고 그림을 그린다는 세잔을 받아들일 수 없었다. 실제로 세잔의 아버지가 이 신문을 구독하지는 않았지만, 세잔은 아버지로부터 인정받고 싶던 마음을 그렇게 표현했다. 그리고 벽에는 자신이 그린 정물화를 그려 넣음으로써 아버지가 자신의 그림을 인정하고 벽에 걸 정도로 좋아해 주기를 간절히 바랐다.

세잔이 더 절망했던 것은 아버지가 화가라는 직업 그 자체를 무시한 것은 아니라는 점이었다. 그의 아버지는 동시대에 활동했던 인상주의 화가 마네를 성공한 화가라 칭송했고, 마네의 그림을 구매해 집에 걸어 놓기까지 했다. 세잔의 아버지는 부유했지만 그림을 계속 그리는 세잔을 후원해 줄 생각은 없었다. 세잔은 그림을 그만두면 보장되는 경제적 지원과 안정적인 직업을 뒤로한 채 미술의 길로 떠났고, 아버지는 더 이상 그에게 돈을 보내주지 않았다. 이때 세잔을 후원해 준 사람은 친구 에밀 졸라였다.

비교가 만들어낸 자기비하감

처음 친구 에밀 졸라와 교류를 시작했을 때 세잔은 졸라보다 여러 가지

에두아르 마네, 〈에밀 졸라의 초상〉, 1879

면에서 우위에 있었다. 졸라는 아버지가 일찍 돌아가셔서 경제적으로 어려웠고, 학교생활에도 어려움을 겪었고, 대학도 낙방했었다. 그러나 어느 순간 졸라는 세잔보다 앞서 나가기 시작했다. 그림과 글이라는 다른 장르 속에 있던 그들이지만 졸라가 받는 스포트라이트와 사회적 인정은 세잔을 초라하게 만들기에 충분했다. 그만큼 어렸을 때부터 가까웠던 사이였기에.

세잔은 자신의 그림이 아버지와 대중으로부터 인정받지 못하자 점차 소극적이고 삐뚤어진 성격으로 변하기 시작했다. 동료 화가 르누아르가 "자네의 그림은 살아있는 것 같네. 물체를 옮겨 그리는 것이 아니고 그림 속에 새로운 생명을 만들고 있어"라는 극찬을 했을 때에도 자신의 그림이 안 팔리니 위로의 말을 건넨다고만 생각했다. 다른 사람의 호의적 태도에도 자신에 대한 무시가 깔려있을 것이라 생각을 하게 되었고 까다로운 성격 탓에 점차 예술가들의 모임에서도 소외되기 시작했다.

졸라는 어릴 적부터 친구였던 세잔을 예술가들의 모임에 자주 초대했으나 세잔은 괴팍한 행동과 태도로 다른 예술가들로부터 배척당하기 일쑤였다. 자신보다 이미 성공하거나 후원자가 있는 화가들을 보면 뾰족하게 대했던 것이다. 점차 사람들로부터 멀어지기 시작한 세잔은 남들의 평가에 과민반응을 보였고, 고향 엑상프로방스로 돌아가 자신의 예술 세계에 몰두하기 시작한다.

그러던 도중 에밀 졸라가 1886년 발표한 소설 『작품』은 세잔의 자기비하감에 불을 질렀다. 『작품』은 인상주의 미술이 대두되던 19세기 말 프랑스 파리 예술가들의 삶과 현실을 아주 사실적으로 그려낸 소설이다. 예술가들이 겪는 창작의 고뇌와 불안한 삶을 클로드 랑티에라는 작중 화가의 피하지 못한 숙명과 비참한 말로를 통해 생생하게 그려내고 있다. 주인공 랑티에는 에두아르 마네와 폴 세잔의 모습이 섞여있는 모습으로 묘사되어 있는데, 세잔은 졸라가 이 글을 통해 자신을 실패한 예술가로 낙인찍었다고 생각하게 된다. 소설 속에 세잔과 졸라의 어린 시절 이야기가 다수 담겨있었기 때문이다. 이 소설의 발간과 함께 세잔과 졸라의 인연은 끝이 나고 만다.

"사과 하나로 파리를 정복하겠다"

세잔은 세상에 고립된 채 세상의 진리를 파악하고자 고군분투했다. 이전까지 위대한 예술가라 불리는 화가들은 신화 속 인물이나 영웅, 혹은 귀족이나 왕의 초상화를 그렸었다. 여전히 루브르박물관의 모작 작품들이 인기가 있던 시절, 정물을 그려서 이들과 겨루겠다는 것은 어리석어 보일 수 있는 행동이었다. 그러나 세잔에게 정물이란 구성과 연출이 자유롭고 예술가의 의도를 마음대로 표현할 수 있는 최적의 대상이었다. 이에 세잔은 정물을, 그중에서도 수많은 사과를 그렸다. 아래에서 올려다본 사과, 옆에서 본 사과, 위에서 내려다본 사과 등 시선을 모두 한 그림에 담아 여러 관점을 담으려 노력했다. 이것을 통해 대상의 질서 자체를 바꾸는 것이 그림의 진정한 힘이라고 생각한 것이다.

결국은 사과는 구(球)라는 입체적인 동그라미이고, 테이블은 사각형과 직사각형이 모인 육면체, 그리고 그릇이나 병 등은 원기둥이라는 기본 형태로 압축된다. 세상의 원리를 파악하려면 기하학적인 기본 형태들을 들여다보아야 한다는 것이 사람들로부터 멀어진 세잔이 발견한 논리였다. 인간의 몸 역시 구와 원기둥으로 구성된 것이며 세상 모든 것들 역시 쪼개어 본다면 근본에 더 다가갈 수 있다고 생각했다.

폴 세잔, 〈사과와 오렌지〉, 1900

세잔은 가족에게도 비밀로 한 채 오르탕스라는 한 여인과 그 사이
에서 아들을 낳게 된다. 소작농의 딸이었던 오르탕스는 아버지에게 인정

폴 세잔, 〈온실에 있는 세잔 부인〉, 1891

을 받기 어려웠고, 자신의 직업뿐만 아니라 새로운 가족 역시 받아들여지지 못했던 세잔은 끝까지 아버지로부터 무시를 당해야만 했다.

그는 사회로부터 고립된 생활을 했던 만큼 자신의 초상화, 부인, 그리고 아들의 초상화를 자주 그렸는데, 인물화 역시 원, 원통, 그리고 육면체라는 기본 형태에 초점이 맞춰져 구성되어 있음을 알 수 있다. 오르탕스는 자신을 생생하게 살아있는 인물이 아닌 죽은 기하학 형태로 그렸음에 자주 화가 났었다고 하는데, 그만큼 세잔이 대상의 근본적인 원리를 이해하고 표현했음을 알 수 있는 대목이기도 하다.

세잔은 살아생전에 아버지와 대중으로부터 인정받지 못한 채 1906년 생을 마감했다. 그의 기본 형태에 따른 접근은 피카소의 입체주의에 직접적인 영향을 주었지만, 세잔은 1907년 피카소가 발표한 첫 입체주의 전시회의 성공을 보지 못한 채 숨을 거두고 말았다. 입체주의라는 새로운 미술의 탄생에 평론가들은 환호했고, 그에 대한 피카소의 대답은 "내게 가장 많은 영향을 준 것은 폴 세잔"이었다. 지금 세잔은 '현대미술의 아버지'라 불리고 있으며, 세잔의 사과는 아담과 이브의 사과, 뉴턴의 사과, 빌헬름의 사과와 함께 서양문화를 이해하기 위한 4대 사과라 불린다.

꼭 인정받지 않아도 돼요

인정받지 않으면 가치가 없다고 생각하는 사람들은 자신이 인정받지 못해서 느끼게 되는 불행을 어쩔 수 없는 것으로 받아들인다. 심지어 이 신념을 정당화하기 위해 끊임없이 누군가와 자신을 비교한다. 비교를 잘 하는 사람은 자기비하감도 잘 느낄 수밖에 없다. 그렇기 때문에 비교를 습관적으로 하는 사람 중에 스스로를 행복하다고 이야기하는 사람은 거의 없다. 미국의 정신의학자 제롬 프랭크(Jerome Frank)는 "모든 정신장애는 기가 죽어서 생기는 병이다"라고 말할 정도다.

자기비하감이라는 부정적 감정을 경험하고 있다면, 비교의 대상이 무엇인지 아는 것은 무척이나 중요하다. 그 대상이 이상적인 자아와의 비교인지, 타인과의 비교에서 나오는 자기비하감인지를 통해 스스로 건강한 신념을 사용하고 있는지 확인 가능하기 때문이다. 가공의 이상적 자아를 만들어놓고 끊임없이 스스로를 비교하는 사람들은 현실 자아가 못난 것이 아님에도 불구하고 높은 기준치 때문에 스스로를 비하한다. '나의 높은 이상에 도달하지 못했으니 나의 인생은 실패이다'라는 신념이 그렇다.

소설가 헤밍웨이는 "남보다 뛰어난 것은 자랑거리가 되지 못한다. 진정한 자랑거리는 과거의 자신보다 뛰어난 자신"이라고 말한 바 있다. 우리가 비교해야 할 대상은 과거의 나 자신이고, 그보다 발전한 현재를 칭찬하고 바라봐야 한다. 도달하지 못할 이상적 대상들을 비교의 대상으로 삼는 것은 불필요한 자기비하감을 만들어낼 뿐이다.

인정받지 못한 마음 때문에 어쩔 수 없이 불행하다면, 자신이 그동안 외면했던 스스로의 장점을 하나씩 적어보자. 아무리 완벽해 보이는 사람에게도 약점이 있으며, 누구나 자신의 비장의 무기 하나쯤은 가지고 있다. 세잔은 결국 사과를 통해 이를 증명해 냈다. 우리가 사용해야 할 것은 내가 가지고 있는 그 무기이다.

진짜 나로
살아가기 위해서는

나는 왜 살아가고 있을까? 나는 무엇을 위해 살아가고, 내 삶의 목적은 무엇일까? 인생이 허무해진 사람들에게 실존주의 철학은 이런 질문을 던진다. 실존주의는 개인의 자유와 책임, 그리고 주관성을 강조하는 접근으로, 보편성을 추구하는 본질주의와 반대되는 개념이다. 인간은 한 명 한 명이 개성을 가진 개별자로서 존재하며, 그렇기에 인간을 규격화된 틀에 끼워 맞추어서는 안 된다는 주장을 기본으로 하고 있다.

태어나고 싶어서 이 세상에 태어난 사람은 없다. 우리는 그냥 세상에 내던져진 존재, 즉 피투(被投)된 존재이다. '왜 태어났니?'라는 질문에 우리는 '부모님이 낳았으니까'라고 대답할 수밖에 없다. 그러나 태어난 이상 이제부터 어떻게 살아갈지는 우리가 정해야 할 몫이다. 피투된 존재에서 기투(企投)하는 존재가 되는 것이다. 우리는 선택을 할 자유가 있고, 인생을 설계하며 삶의 각본을 써나간다. 그 선택에 대한 책임이 우리의 몫이 될 뿐이다. 그런 의미에서 삶의 주체가 된 개인이 스스로에게 던질 수 있는 질문은 '왜'로 관철된다고 볼 수 있다. 왜 사는지, 왜 이것이 가치 있는지, 왜 이렇게 살고 싶은지… 삶을 살아가는 목적을, 방향을,

이유를 묻게 되는 것이다.

보편적 가치의 모순

세상은 사람들에게 잣대를 제시한다. 이렇게 사는 것이 옳은 일이고 이
렇게 사는 것은 나쁜 것이라고 알려준다. 그리고 많은 사회와 구성원들
은 이를 따르며 살아가고 있다.

　　이집트 시대에 그려진 벽화에는 사람들의 모습이 천편일률적으로
그려져 있다. '그림은 이렇게 그리는 것이다'라는 절대적인 규율이 있었
고, 그림을 그리는 모든 이들이 이 규칙을 따라야 했다. 머리의 방향, 어
깨, 허리, 무릎의 비율마저도 모두 규칙이 있어서 누가 그리든 똑같은 결

고대 이집트 벽화, BC 1410~1370

과물이 나오도록 했다. 그래서 이집트의 미술은 모두 같은 값이 나오는 미술, 즉 '상수(常數)의 미술'이라고 이야기한다.

그러나 그 이후의 미술은 달라졌다. 작가들은 자신의 이름을 세상에 남기기 시작했고, 어떤 작가가 그리는가에 따라 전혀 다른 결과물이 나왔다. 작가의 개성이 드러나고 작가에 따라 작품의 가치도 달라졌다. 이런 미술을 모두 다른 값이 나오는 미술, 즉 '변수(變數)의 미술'이라 한다.

모두가 함께 잘 살기 위한 보편성은 물론 중요하다. 모두가 따르는 좋은 규칙은 편리함을 제공해 준다. 하지만 이집트 작가들이 사회에서 정해준 답을 따르기만 한 결과, 그림 속의 인물들은 구분하기 어려워졌고, 누가 누군지 알 수 없는 양산된 인물화만이 남고 말았다.

'실존하다'의 영문식 표현은 'exist'이다. ist는 독일어에서의 be동사와 같은 역할을 하는 동사이다. 'This is a book'을 독일어로 표현한다면 'Das ist ein Buch'가 된다. '실존하다'의 영어 표현인 'exist'는 본질을 의미하는 'ist'의 앞에 탈출을 의미하는 'ex'가 합쳐진 단어인 것이다, 즉, 실존이라는 것은 '본질로부터 탈출한다'는 것을 의미한다. 본질로부터 탈출하여 개인의 고유성을 찾는 것, 그것이 우리가 실존한다는 것의 궁극적 의미가 될 것이다.

타인은 지옥이다

우리가 주체성을 가지고 살아가기 위해서는 나의 욕구를 잘 알고 그 목

귀스타프 쿠르베, 〈잠〉, 1866

소리를 들어야 한다. 그러나 이집트 화가들이 상수의 미술을 그렸듯, 살아가면서 많은 사람들이 타인의 욕구를 욕구한다. 즉, 다른 사람이 나에게 기대하는 바, 사회가 나에게 들이미는 잣대에 충실히 살아가려고 노력한다. 결국 삶의 주인공이 되지 못한 사람은 어느 순간 인생이 허무하고 공허해지는 경험을 하게 된다.

실존주의 철학자 장 폴 사르트르(Jean-Paul Sartre)가 남긴 유명한 문구, '타인은 지옥이다'는 희곡 《닫힌 방》에 나오는 대사이다. 이 문장은 다른 사람과의 관계 그 자체에 대한 부정적 접근이 아니라 타인이라는 존재가 내가 나다워지는 것을 방해한다는 의미를 가지고 있다. 타인은 늘 자신들의 판단과 자신들의 기호에 나를 가둔다. 내가 진짜 어떤 사람인지 보여주거나 정의내리기 어렵게 만들며, 내 존재가 타인에 의해 부정당할 때 타인은 지옥이 된다.

사실주의 작가 귀스타프 쿠르베(Gustave Courbet)는 작품 〈잠〉에서 여성 연인들이 성관계 이후 잠들어 있는 모습을 그렸다. 이 여성들을 바라보는 시선은 사람에 따라 다를 것이다. 동성애를 바라보는 시선에 따라 관객은 이 여성들에게 다양한 감정이 담긴 시선을 보낼 수 있기 때문이다. 그러나 이 작품에서 작가의 시선은 느껴지지 않는다. 사실주의 화가들은 객관적 사물을 있는 그대로 정확하게 재현하려는 태도를 가지고 미술을 접근했으며, 우리 주변에서 일어나고 있는 사건에 대한 주관을 배제한 채 그려냈기 때문이다. 그러나 타인의 시선에 이러한 주관이 배제되었다 하더라도, 주체자는 그 시선에 대해 주관적 해석을 할 수 있다. 자신의 욕망을 타인에게 투사하는 것도 가능하기 때문이다.

혼자 밥을 먹는 사람을 이상하게 쳐다본 사람이라면, 대개 자신이 혼자 밥을 먹을 때 사람들의 시선에 과도한 감정을 입혀서 해석한다. 정작 주변 사람은 나에게 관심이 없는데도 말이다. '내'가 있기에 '너'도 있고 '그들'도 존재한다. 나에 대한 진리를 얻기 위해서 우리는 좋든 싫든 타자를 거쳐야 한다. 그리고 이것은 완전히 정반대가 될 수 있다. 나 역시 누군가에게 지옥이 될 수 있다. 내가 있어 타인이 있는 것처럼, 타인이 있어 나도 존재한다. 인간관계에서는 내가 어떻게 생각하고 행동하느냐에 따라 타인은 지옥이 되기도 하고 천국이 되기도 한다.

모든 사람은 죽는다

자신의 죽음을 떠올리고 받아들이는 것은 어려운 일이다. 어려울 뿐만 아니라 애당초 시도하고 싶지도 않은 일이다. 그러나 실존주의적 접근은 우리 모두가 결국은 죽을 것이라는 참된 진실을 받아들임으로써, 현재에 더 몰두하고 지금의 삶을 온전히 살아갈 수 있도록 돕고 있다.

데미안 허스트, 〈살아있는 자의 마음속에 있는 죽음의 육체적 불가능성〉, 1991

영국의 작가 데미안 허스트(Damien Hirst)는 보존액인 포름알데히드에 상어를 통째로 넣고 기계적 장치를 통해 지느러미가 움직이도록 만들어 전시했다. 살아있는 인간들, 존재를 영위하고 있는 현존재인 우리들은 죽음이라는 개념을 온전히 받아들이지 못한다. 그렇기에 움직이고 있는 죽은 상어의 육신에서 관람객들은 삶과 죽음의 경계에 존재하는 낯선 존재를 경험하게 된다.

16세기에서 17세기 사이, 네덜란드와 플랑드르 지역에서는 바니타스 정물화가 유행한 적이 있었다. 중세 유럽은 흑사병과 30년 전쟁으로 인해 주변 사람의 죽음을 피할 수 없는 상황이었다. 이러한 역사적 배경과 함께 공허함과 헛됨, 그리고 가치 없음을 주제로 하는 정물화들을

피터르 클라즈, 〈해골이 있는 정물〉, 1630

일컫는데, 종교적 관점에서 봤을 때는 무가치한 것들이 모여있는 그림이었다.

바니타스 정물화에는 죽음을 연상시키는 두개골, 부패를 연상시키는 썩은 과일, 인생의 덧없음을 연상시키는 거품과 연기, 얼마 남지 않은 시간을 연상시키는 시계, 지식의 무용함을 연상시키는 책 등의 소재들이 등장한다. 이를 통해 작가는 '죽음을 기억하라(메멘토 모리, memento mori)'는 직설적인 메시지를 남기고 있다. 이는 사람들에게 겁을 주기 위함이 아니라 바로 '현재를 살아가라(카르페 디엠, carpe diem)'고 이야기하고자 함이다.

한때 관에 들어가 보고 유서를 남기는 죽음 체험이 유행한 적이 있었다. 자신의 죽음을 간접적으로 경험함으로써 삶의 유한성을 인정하고 삶의 소중함에 더 집중하도록 하기 위한 접근이었다. 수의를 맞추어 놓으면 더 오래 산다는 이야기도 이와 비슷한 맥락이다. 영화 《이웃집에 신이 산다》에서는 자신의 남은 수명이 문자로 발송되면서 벌어지는 해프닝을 다루고 있다. 죽는 날짜를 확인한 사람들은 지금과는 다른 삶을 살아가기로 결심하고, 하지 못했던 것에 도전하며, 평생을 일했던 직장을 그만두기도 한다. 죽음을 받아들였을 때 진짜 나로서 살아갈 수 있는 힘을 얻게 된 것이다.

지금, 이 순간을 살아가기

삶은 유한하며, 그렇기에 지금이 더욱 값지고 소중한 것이다. 과거의 사건들은 여전히 나에게 영향을 미치고 있지만, 우리가 가진 자유의지를 통해 더 이상 과거에 얽매이지 않도록 할 수도 있다. 우리는 계속해서 변화해 나가는 사람들이며, 주관적 삶을 능동적으로 살아갈 수 있는 능력을 가지고 있기 때문이다.

다음 페이지에 나오는 〈쾌락의 동산〉은 3개의 패널로 구성된 그림으로, 15세기 말에서 16세기 초에 활동했던 네덜란드 화가 히에로니무스 보스의 작품이다. 맨 왼쪽 첫 번째 패널에서는 에덴동산에 있는 아담과 이브가, 가운데에는 7대 죄악들을 저지르며 살아가는 인간, 그리고 오른쪽 패널에는 이로 인해 고통 속에 빠진 지옥이 그려져 있다. 엄격한 규율을 제시함으로써 하면 안 되는 것들을 명시하고 있는 그림이다.

그런데 7대 '죄악'이라고 불리는 것들 즉, 교만, 탐욕, 시기, 분노, 음욕, 식탐, 나태가 과연 절대 하지 말아야 할 행동과 태도라 말할 수 있을까? 또한 7대 주선이라 불리는 겸손, 자선, 친절, 인내, 순결, 절제, 근면이 반드시 따라야 할 덕목들일까? 어쩌면 우리는 이렇게 이름표를 붙인 것들 때문에 '나'라는 주체성의 많은 부분을 잃고 있을지 모른다.

우리는 지금껏 사회와 부모, 주변인이 원한 많은 것들을 추구하며 살아왔다. 이것이 맞는 길이라고 배웠고, 이것이 좋다고 들었다. 그런데 그 결정과 믿음에 있어서 다른 사람의 의견만을 따라온 것은 아닌지 한 번쯤 돌아봤으면 한다. 죽음을 코앞에 둔 상황에서 잘 살았다고 이야기할 수 있는 삶, 죽음을 직면했을 때에도 지금과 같이 살 것이라고 말할 수 있는 삶을 살고 있는지 말이다. 이를 통해 세상과 누군가의 사용에 의해 쓰이는 존재가 아니라 나 스스로의 주체성에 의해 살아가고 있는 존재인지 생각해 볼 시간이다.

히에로니무스 보스, 〈쾌락의 동산〉, 1500년경

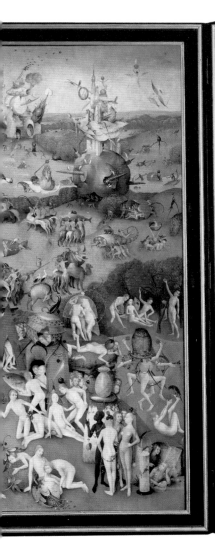

3장

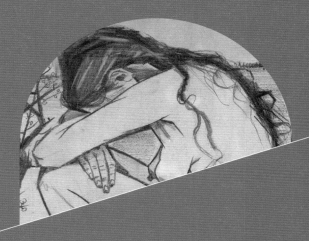

스스로를 괴롭히고
있지는 않나요

나를 고통스럽게
만드는 경향성

사람은 스스로를 발전시키려는 마음과 파괴시키려는 마음을 모두 가지고 있다. 다만 이 둘 중 어떤 것이 더 크게 자리 잡고 있을지에 대해서는 심리학자마다 접근의 관점이 조금씩 다르다. 심리학자 알프레드 아들러는 인간이라는 존재가 우월성, 그리고 계속해서 발전하려는 경향성이 있다고 설명하고 있다. 또한 인간 중심 상담의 창시자 칼 로저스(Carl Rogers)는 인간을 포함한 유기체는 지금보다 더 향상하려는 욕구가 있다고 설명하며, 이것을 '실현화 경향성'이라 일컬었다.

그러나 최근 가장 주목받고 있는 심리치료 접근인 인지행동치료에서는 그와 조금은 다른 시선으로 인간을 바라보고 있다. 인지행동치료의 대가 아론 벡(Aron Beck)과 알버트 엘리스(Albert Ellis)의 관점에 따르면, 인간은 커다란 성장 자원이 내재되어 있기에 개인의 운명을 바꿀 수 있는 힘이 있지만, 그와 동시에 해를 끼치려는 선천적 경향성, 즉 생득적 자기파괴(self-sabotaging) 경향성을 가지고 있다고 한다. 다시 말해 사람들은 인생의 대부분을 타인의 기대에 맞춰서 살아가며, 타인의 능력을 능가하거나, 인정받거나, 승인을 받음으로써 자신의 가치감을 찾는다. 그리고 동시에 자기 스스로를 파괴하는 비합리적 신념을 끊임없이 만들어 냄으로써 불행해지는 선택을 하기도 한다.

나도 그 사람처럼 되고 싶어요

빈센트 반 고흐(Vincent van Gogh)는 네덜란드의 작은 도시 준데르트에서 태어났다. 고흐에게는 고흐가 태어나기 1년 전 태어나자마자 세상을 떠난 형이 있었는데, 부모는 형의 이름이었던 빈센트 반 고흐를 둘째 아들에게 그대로 붙였다. 어린 고흐는 죽은 형의 무덤에 부모님과 함께 다니며 "너는 형의 삶을 대신해서 사는 것이다"라는 말을 들으며 성장해야 했다. 고흐에게 세상의 시작은 불안하기만 했다.

　　스스로의 가치를 찾기 어려운 유년 시절을 보낸 고흐는 13세에 틸뷔르흐 빌럼 2세 국립중학교로 진학을 하게 되는데, 이 학교에는 당시 매우 이례적으로 미술이 교과 커리큘럼에 포함되어 있었다. 고흐가 미술을 제대로 배우게 된 첫 기회였지만, 정신발작을 일으키면서 학업을 중단할 수밖에 없었다. 칼뱅파 목사였던 아버지는 고흐가 자신의 뒤를 이어 신학도가 되기를 원했기에, 이를 따르지 않는 아들을 매우 탐탁지 않게 여겼다.

　　고흐가 16세가 되던 해, 헤이그(Hague)에서 구필화랑을 운영하던 큰아버지의 주선으로 그는 화랑에서 일을 하게 된다. 당시 바르비종파의 그림을 수집해서 판매하던 큰아버지의 영향으로 장 프랑수아 밀레(Jean Francois Millet)의 그림을 접한 고흐는 밀레에게 완전히 매료되었고, 그의

(위) 밀레, 〈만종〉, 1859 / (아래) 고흐, 〈만종〉, 1880

(위) 밀레, 〈씨 뿌리는 사람〉, 1850 / (아래) 고흐, 〈씨 뿌리는 사람〉, 1889

그림을 선망하며 수십 점의 모작을 그리기 시작한다.

밀레는 생전에도 이미 알려진 화가였으며, 고흐가 22세가 되던 해 사망한 동시대 화가였다. 고흐는 밀레의 작품을 그리고 또 그림으로써 밀레와 같은 화가기 되기를 꿈꿨다. 〈만종〉은 고흐가 사망하기 10년 전에 그린 모작이며, 〈씨 뿌리는 사람〉은 사망 1년 전에 그린 모작이다. 평생에 걸친 선망의 대상이었지만, 안타깝게도 고흐는 살아생전에 자신의 그림이 사랑받는 모습을 보지 못하고 눈을 감는다.

모든 사랑에 실패하다

고독하고 외로웠던 고흐도 사랑을 했었다. 그의 첫 번째 사랑은 하숙집의 딸 외제니 로예(Eugenie Loyer)였다. 로예는 아름다운 여인이었지만 그녀는 고흐의 고백을 수차례 거절했다. 고흐의 두 번째 사랑은 과부였던 외삼촌의 딸 케이 보스(Kee Vos-Stricker)였다. 그러나 케이 역시 그의 구혼을 거절했고, 고흐는 아버지와 친척들로부터 근친상간을 하는 놈이라는 비난을 받는다. 고흐는 케이의 집에 찾아가 램프에 손을 넣으며 그녀를 내놓으라는 협박을 했고, 이는 그의 가족을 포함한 친척들이 고흐에게 등을 돌리는 계기가 되고 말았다.

29세가 된 고흐는 알코올 중독자에 임신 5개월 차인 매춘부 시엔(Sien)을 만나게 된다. 사랑과 연민이 뒤섞인 안타까운 마음에 고흐는 그녀를 집으로 데려왔고, 이 사건을 계기로 가족과 큰 골이 생긴다. 〈슬픔〉은 여성을 모델로 한 몇 안 되는 고흐의 그림 중 하나인데, 웅크려 있는

고흐, 〈슬픔〉, 1882

여성이 바로 시엔이다.

고흐는 결국 시엔과 헤어져 다시 부모와 살게 된다. 이듬해 고흐의 어머니가 다리 골절상으로 병상에 누웠는데, 옆집에 살던 여인 마호 베게만(Margot Begemann)이 지극정성으로 간호를 도우면서 서로에 대한 호감을 느끼게 된다. 그러나 양쪽 집안에서는 서로의 자녀를 마음에 들어 하지 않았다. 마호는 결혼 허락을 받기 위해 자살시도라는 극단적인 방식을 선택했고, 개신교 목사였던 고흐의 아버지는 생명을 쉽게 버리려 한 그녀와의 결혼을 결코 허락하지 않았다. 고흐는 사랑을 할 때마다 좌절감과 분노, 그리고 우울함이라는 부정적 감정들로 얼룩질 수밖에 없었다.

1885년이 되었을 때 고흐는 자신의 미술세계에 한 획을 긋는 대작을 완성한다. 호르트 가족이 모두 모여 감자를 먹고 있는 장면을 담아 〈감자 먹는 사람들〉을 그린 것이다. 농민의 노동과 가치를 중시했던 밀레의 영향도 있었을 것이라 추측된다. 그런데 모델이 된 호르트 가족 중 결혼하지 않은 딸이 임신을 하게 되었고, 이후 마을 사람들은 절대 고흐의 모델이 되지 말라는 이야기를 하며 고흐에게 등을 돌린다. 게다가 이 그림을 완성하고 며칠 뒤 아버지가 뇌졸중으로 사망하면서, 성공한 모습을 보여 아버지로부터 인정받고 싶었던 고흐의 꿈은 완전히 멀어져 버린다.

화가 공동체를 꿈꾸다

부모와 함께 지내던 뇌넨(Nuenen)을 떠나 파리로 간 고흐는 여러 인상주의 화가들과 교류를 하며 지냈다. 그러나 파리에서의 생활은 고흐와 잘 맞지 않았다. 유일하게 고흐의 편이 되어 후원금을 보내주고 응원한 동생 테오(Theo van Gogh)는 물질적이자 정신적 지주였으나, 고흐는 몽마르트의 다른 화가들과 지속적인 교류를 하지 못했다. 고흐는 자신의 그림에 대해 칭찬을 하면 앞에서만 칭찬을 하는 것이라 삐뚤게 받아들였고, 괴팍하고 욱하는 성격을 참지 못해 외면을 받았다. 화가들이 모여 서로 그림을 평가하고 토론하는 자리에서 갑자기 일어나 집으로 돌아가 버리는 일도 잦았다. 칭찬이 누구보다 고픈 고흐였지만 익숙하지 않던 칭찬은 고흐를 화나게 했고, 그 분노는 다른 사람들, 그리고 고흐 자신에게로 향했다.

고흐는 남프랑스의 마을 아를(Arles)로 가서 화가 공동체를 만들고 다른 화가들과 그림을 그리며 살기로 결심한다. 건물의 색이 노란색이었기에 고흐는 이 공간을 노란 집이라고 불렀다. 동료 화가들에게 편지를 써서 함께 이곳에서 작업하자는 제의를 했으나 대부분의 화가들은 이를 외면했고, 동생 테오와 친분이 있던 화가 폴 고갱(Paul Gauguin)만이 그의 제안을 받아들여 함께 생활을 하게 된다.

그러나 유년 시절 자신이 아닌 형의 대리로서 살아야 했던 시간들, 아버지의 강압에 의해 원치 않는 진로를 선택하며 겪은 갈등들, 연속적으로 실패한 사랑들, 그리고 파리에 갔었으나 동료들과도 어울리지 못하고 그림으로도 인정받지 못한 경험들은 고흐 스스로 파괴적인 생각을 하도록 만들었다.

고흐, 〈노란 집〉, 1888

자신을 파괴해 버리다

고갱은 고흐에 비해 상대적으로 이성적인 사람이었다. 그러나 고흐는 감정에 크게 흔들리고 감정을 조절하는 것에 미숙했다. 같은 대상을 놓고 그림을 그릴 경우, '고갱이 나를 무시해서 이런 식으로 그렸다'는 이유로 싸움이 나기도 하고, 자신이 원하는 대로 고갱이 움직이지 않으면 그에 대해서도 화를 냈다.

특히 고갱이 그린 〈해바라기를 그리는 반 고흐〉는 고흐를 아주 화나게 했다. 고흐는 그림 속 자신의 포즈가 어눌해 보인다는 점, 그리고 약물이나 술에 취한 것처럼 정신없어 보인다는 점을 근거로 '고갱이 나를 바보 취급한다'며 싸움을 벌였다. 고흐는 싸울 때 소리를 지르기도 하고, 물건을 던지기도 하고, 어린아이처럼 엉엉 울기도 했다.

그뿐만이 아니라 고흐는 자신의 건강을 해치는 일도 서슴지 않았다. 압생트(absinthe)를 비롯한 여러 술을 과도하게 마셔 고갱은 그를 알코올 중독이라 표현했으며, 그림을 그리기 시작하여 그 그림이 끝날 때까지는 식사를 굶는 기이한 행동도 일삼았다. 그렇게 고흐는 몸과 마음이 지속적으로 파괴되고 있었다.

결국 1888년 12월 23일, 고흐는 고갱과 크게 싸우고 발작을 일으킨다. 고흐가 선택한 것은 면도칼로 자신의 귀를 자르는 것이었다. 자른 귀를 매춘부 라셀에게 건네준 이 사건은 다음날 지역 신문에 대서특필되었고, 이후 고흐는 아를을 떠나 생레미 정신요양원에 입원하게 된다.

〈별이 빛나는 밤〉은 고흐가 요양원 창밖을 바라보며 그린 그림이다. 그러나 실제로 보이는 풍경과는 달라 고흐의 상상력이 더해진 그림

폴 고갱, 〈해바라기를 그리는 반 고흐〉, 1888

으로 알려져 있다. 푸르고 어두운 하늘이 꿈틀꿈틀 움직이고 있고 아래에는 별빛을 받은 마을이 그려져 있다. 이 그림의 왼쪽에는 나무처럼 보이는 검은 무언가가 있는데, 이것은 '죽음'을 상징하는 사이프러스 나무이다. 사이프러스 나무는 고흐의 다른 그림에서도 자주 등장하는데, 고흐가 자살로 생을 마감하기 얼마 전 그린 그림임을 감안했을 때, 사이프러스 나무가 나타내고자 하는 상징이 확연히 드러난다. 마을 중앙에는 뾰족한 교회 첨탑이 있다. 인간이 하늘에 닿기 위해 쌓아 올리고 또 쌓아 올린 상징이다. 그러나 결국 인간이 하늘에 닿을 수 있는 방법은 죽음뿐이라는 사실을 고흐는 이 그림을 통해 표현하려 했다.

1890년 7월 27일이 되던 날, 고흐는 가장 최악의 선택을 하게 된다. 자신이 자주 그림을 그리던 밀밭에서 권총으로 자살을 시도한 것이다. 그리고 이틀 뒤인 29일에 사망한다.

나를 파괴하지 않기 위해서는

스스로를 파괴하는 왜곡되고 비합리적인 생각들은 끊임없이 자동적으로 반복된다. 같은 상황이나 사건을 마주했을 때 누군가는 흘려 넘기고, 누군가는 화를 내고, 누군가는 아무 생각이 없을 수도 있다. 그러나 무조건적으로 부정적이고 자기파괴적인 생각을 한다면, 이는 사건과 감정·행동 사이에 존재하는 인지 왜곡과 비합리적 신념 때문이다.

어떠한 감정과 행동도 그냥 일어나지 않는다. 인간은 스스로가 형성해 놓은 신념의 영향을 받아 이를 결과로 이끌어낸다. 그렇기에 타인

고흐, 〈별이 빛나는 밤〉, 1889

의 말을 나쁘게 해석하여 듣거나, 부정적 평가는 크게 생각하고 긍정적 평가는 축소해서 생각하거나, 자신은 못할 수 있다는 이름표를 스스로 붙이거나, 성공 아니면 실패라는 흑백논리를 적용하거나, 작은 어려움에도 망했다는 파국적 사고를 사용하는 등의 인지 왜곡을 하는 경우가 많다.

그러므로 자신, 타인, 조건을 주어로 하여 당위적 설명을 습관적으로 사용하고 있는지 살피는 것이 도움이 된다. '나는 반드시 모든 사람들로부터 인정받아야 해', '부모이라면 절대 자식한테 이럴 수 없어', '내 가정에 문제가 있다는 것은 결코 용납할 수 없어'와 같은 '절대로 ~해야 한다' 혹은 '절대로 ~해선 안 된다'라는 신념이 해당된다. 이 신념들은 자신의 행동을 제약하고, 타인을 탓하게 하며, 또 자신이 설정한 당위적 상황이 주어지지 않을 때 과도한 불행감을 느끼게 만든다.

'꼭', '결코', '절대', '매일', '반드시'가 포함되어야 하는 일은 생각보다 많지 않다. 이러한 극단적인 표현이 나를 파괴하고 있음을 발견한다면, 의도적으로 그 단어들을 쓰지 않는 연습을 하는 것이 좋다.

이때 글로 적어보는 것, 특히 일기는 아주 많은 도움이 된다. 오늘 하루 있었던 사건, 그리고 감정과 행동 사이에 들었던 생각을 적어보는 것이다. 과거에는 어떤 사건이 일어났을 때 결과 사이에 '마음'과 같은 무형의 존재가 있다고 생각하지를 않았다. 그러나 지금의 심리학은 '왜 이 사람은 동일한 말을 들어도 예민하게 받아들이는가', '어떤 생각이 이 사람을 불쾌하게 만들었는가'와 같은 질문들에 집중하고 있다. 그냥 오늘 하루가 힘들었다는 결론만을 낼 것이 아니라 어떤 감정과 생각을 마주했는지 파악한다면, 비합리적이고 파괴적인 신념들은 분명히 줄어들 수 있다. 자동적으로 떠오르는 나를 파괴하는 생각들은 오랜 시간 나와 함께하면서 나쁜 습관으로 자리를 잡고 말았다. 그러므로 이 습관을 없애 나가기 위해서는 의도적인 노력이 분명 필요하다.

과거에
머물러 있나요

과거는 흘러가는 시간 속에 존재했던 순간들이다. 그러나 과거의 사건, 상황, 인물로부터 치명적인 상처를 받은 사람들은 과거에 더 큰 의미를 부여한다. 정신분석학자 프로이트는 과거 경험이 한 사람의 현재 행동을 결정하는 주요한 요소이며 사람은 과거의 영향력에서 벗어날 수 없다는 주장을 해왔다. 오랜 시간 이것이 정설처럼 받아들여 왔지만, 현대 심리학은 달리 해석한다. 과거가 현재의 나에게 영향을 미치는 것은 사실이지만, 선택을 통해 현재와 미래를 분명하게 바꿀 수 있다고 이야기한다.

하지만 안타깝게도 어떤 이야기를 해도 과거의 이야기로 연결시키고, 한없이 과거에서 맴도는 사람들이 있다. 그들에게 과거는 시간이 지나도 흐려지지 않으며 때로는 더욱 선명해진다. 그들은 스스로를 과거 속에 가두며 육신만을 현재에 살게 할 뿐이다.

소설가 할런 코벤은 늘 자신의 소설에서 등장인물들에게 과거의 상처를 안겨주는 것으로 유명하다. 그의 소설 『숲』에 등장하는 루시라는 주인공은 과거의 사건이 자신의 인생에 어떤 영향을 주고 있는지에 대해 자세히 묘사하고 있다.

"꼭 2개의 인생을 살고 있는 기분이야. 아무 문제없었던 그날 밤 이전의 인생과 너무나 문제가 많았던 그날 밤 이후의 인생. 알아, 이런 내가 얼마나 딱해 보이는지. 하지만 가끔 그날 밤 낭떠러지로 떠밀려진 후로 아직까지 계속 데굴데굴 굴러떨어지고 있다는 기분이 들 때가 있어. 가까스로 중심을 잡고 일어나도 이내 다시 무너지고 말아. 그래서 어쩌면… 모르겠어… 그날 밤 무슨 일이 있었는지 알고 나면, 그 끔찍했던 악몽에서 뭔가 위안거리를 찾아낼 수 있다면, 이 한없는 추락을 멈출 수 있지 않을까?"

잊혀지지 않는 기억들

트라우마(trauma)란 현재에도 지속적인 영향을 주는 과거의 충격적 경험을 일컫는다. 예를 들어 어린 시절부터 끊임없이 가족의 죽음을 겪었던 뭉크는 죽음에 대한 강렬한 트라우마를 가지고 있었고, 자신의 작품 속에서 이런 불안과 공포를 표현해 왔다. 그의 작품 〈죽음의 조타수〉를 보면 죽음의 사신인 해골이 조타수가 되어 남자의 인생을 조종하고 있음을 보여준다.

사건을 경험한 후 발생하는 정신·신체 증상들로 이루어진 증후군을 '외상 후 스트레스 장애(PTSD)'라고 한다. PTSD 환자들은 대부분 어떤 사건의 피해자들이다. 자연재해나 전쟁과 같은 가해자가 특정지어지지 않는 사건도 있지만, 성폭력, 신체폭행, 그리고 대인관계에서의 트라우마와 같이 가해자가 분명하게 존재하는 경우도 많다. 그러나 모든 상

에드바르트 뭉크, 〈죽음의 조타수〉, 1893

처는 고스란히 피해자에게 돌아가게 된다.

성폭력이나 학대와 같은 개인적인 트라우마는 그 존재를 수면 위로 쉽게 드러낼 수가 없기 때문에 대부분의 피해자들은 마음속에 아픔을 묻고 살아간다. 그리고 자신의 잘못이 아님에도 불구하고 죄책감과 수치심으로 인해 스스로를 옥죄이며 사건의 굴레에서 벗어나지 못한다.

소설가 한야 야나기하라의 소설 『A little life』에는 4명의 남자가 등장하는데, 이들은 대학교 기숙사에서 만나 친구가 된다. 주인공 중 한 명인 27세의 남성 말콤은 부모님과 함께 생활하면서 여전히 그들의 관심과 인정을 갈구하며 외롭게 지낸다. 또 다른 남성 제이비는 아이티 이민자 가정에서 태어나 화가의 꿈을 가지고 뉴욕에 왔다. 윌럼은 어린 시절 형을 잃은 상처를 안고 있는 남성으로 배우가 되는 꿈을 꾸고 있다. 레스토랑에서 웨이터로 일하면서 오디션을 보러 다니는 윌럼은 주드와 함께 살면서 서로에게 둘도 없는 친구가 되어간다. 마지막 주인공인 주드는 하버드에서 법을 공부한 후 변호사로 일하고 있는 사람으로 이 소설의 실질적인 주인공이다. 그는 겉으로는 아무 문제가 없지만 잔인한 학대의 기억을 안고 살아간다. 4명의 주인공들은 각자 다른 환경에서 다른 꿈을 가지고 있지만, 공통적으로 저마다 과거의 기억과 경험에서 벗어나지 못하는 아픔을 안고 있다. 야나기하라는 독자들에게 끊임없이 질문을 던진다. 왜 이들은 현재를 행복하게 살지 못하고 과거의 좋지 않았던 기억을 생생하게 기억하며 살아갈까?

주인공 주드는 태어나자마자 쓰레기장에 버려졌다. 어른들에게 주드는 마음대로 함부로 대할 수 있는 학대의 대상이었다. 두들겨 맞다가 정신을 잃은 적도 있고, 한 사디스트로부터 끔찍한 성폭행을 당하기도 했다. 그러나 좋은 사회복지사를 만나고 도움을 받아 대학에 진학했고, 새로운 삶을 시작할 수 있게 되었다. 그리고 대학에서 소중한 친구인 말콤, 제이비, 윌럼을 만나고, 나중에는 주드를 자식으로 입양하는 해럴드 교수도 만난다.

그러나 주드의 학대받은 경험은 계속해서 그를 따라다니며 괴롭힌다. 성폭행을 당했던 수치스러운 기억, 얻어맞기만 했었던 자신에 대한 분노 감정을 자해로 해결하려고 한다. 과거의 피해자가 현재 자신에 대한 가해자가 된 것이다. 야나기하라는 주드와 주드의 주변 인물들의 이야기를 통해 계속 독자들에게 질문을 던진다. 상처로부터 인간은 자유로워질 수 있을까? 그 상처는 어디까지 치유될 수 있을까?

내 잘못이 아니에요

아르테미시아 젠틸레스키(Artemisia Gentileschi)는 1600년대를 살았던 이탈리아의 여성 화가이다. 그녀는 영국의 궁정화가이자 아버지인 오라치오 젠틸레스키의 지원으로 당대 여성으로서는 도전하기 어려웠던 미술의 길을 걷는다. 젠틸레스키의 아버지는 딸을 자신의 친구이자 화가였던 아고스티노 타시(Agostino Tassi)의 화실로 보내 미술 교육을 받을 수 있도록 했다. 〈바이올린을 들고 있는 젊은 여성〉은 아버지 오라치오 젠틸레스키가 딸을 모델로 하여 그렸던 그림 중 하나이다.

설렌 마음으로 미술 교육을 받던 젠틸레스키가 열여덟 살이던 5월의 어느 날, 그녀는 평생 지울 수 없는 사건을 겪게 된다. 스승이었던 타

오라치오 젠틸레스키, 〈바이올린을 들고 있는 젊은 여성〉, 1612

시가 그녀를 성폭행한 것이다.

타시는 상습 범죄자였다. 당시의 아내도 성폭행을 하고서는 죗값을 치르지 않기 위해 결혼을 했었다. 그리고 아내의 여동생도 성폭행을 하여 임신을 시켰지만, 이때에도 죗값을 받지 않기 위해 아내를 청부살해하려다가 실패했었다. 아버지는 타시를 고소하지만 법정에서 자신이 성폭행 피해자라는 사실을 증명하기 위해 그녀는 너무나도 가혹한 상황을 견뎌야만 했다.

재판관은 당시 젠틸레스키가 처녀였는지의 여부를 더 중요하게 여겼다. 처녀가 아니었다면 성폭행이 성립되지 않기 때문이다. 처녀인 것을 증명하기 위해 많은 사람들 앞에서 산파에게 부인과 검사를 받았고, 손가락 마디가 으스러질 때까지 조이는 고문인 시빌레를 행해 말을 번복하지 않는지 확인하기도 했다. 성폭행이라는 사건이 그녀에게 이미 트라우마가 되었지만, 이러한 사회적인 대응은 그녀에게 2차적인 트라우마를 가하게 된다. 7개월간의 싸움을 견뎌 결국 젠틸레스키는 승소했으나, 이미 잘나가는 화가였고 후원자가 많았던 타시는 쉽게 풀려나고 만다.

젠틸레스키는 범죄의 피해자였지만, 사람들은 그녀에게 손가락질을 해댔다. 그녀가 열두 살이었던 해에 돌아가신 어머니의 부재는 그녀에게 아주 크게 다가왔을 것이다. 아버지 역시 자신의 딸에게 일어났던 사건을 '수치스러운' 일로 여겼고, 자신이 선택한 사람과 빠르게 결혼을 시켜 성을 바꾸고 로마를 떠나도록 했다. 세상이 그녀를 등지는 경험을 한 것이다.

젠틸레스키는 그림 속에 자신의 얼굴과 타시의 얼굴을 자주 등장시켰다. 그림 속 여성의 얼굴에는 자신의 자화상을, 그리고 등장하는 악인 혹은 여성으로부터 정의의 심판을 받는 자의 얼굴에는 타시를 그렸다.

젠틸레스키가 즐겨 그린 주제 중 하나가 '유디트'이다. 앞서 이야기한 것처럼, 유디트는 적군인 앗시리아의 장군 홀로페르네스를 만나 술을 만취하도록 마시게 하고 머리를 베어 나라를 구했던 영웅적인 여성이다. 통상적으로 남성 화가들이 그려내던 유디트는 소극적이고 유약한 경우가 많았다. 비슷한 시기에 활동했던 이탈리아 작가 미켈란젤로 카라바지오(Michelangelo da Caravaggio)가 그려낸 같은 제목의 그림 속에서, 유디트는 여성스럽고 소극적이며 두려움이 가득한 눈빛을 보이고 있다. 그녀의 옆에 서있는 시녀는 늙은 여성으로 묘사되고 손에 머리를 담을 자루를 쥐고 장면을 응시하고 있다.

반면 젠틸레스키의 유디트는 달랐다. 젠틸레스키의 유디트는 훨씬더 강하고 힘이 있어 보이는 여성으로 묘사되어 있으며, 적극적이고 확신에 찬 표정으로 적장의 목을 베고 있다. 그녀를 돕는 시녀 역시 마찬가지로 강하게 그를 제압하는 데 도움을 주고 있다. 홀로페르네스의 목에서 뿜어져 나오는 피는 사실감 넘치고 강렬하다. 젠틸레스키는 카라바지오가 여성을 소극적으로 그린 것은 사회가 가지고 있는 여성에 대한 선입견 때문이라고 생각했다. 여자가 남자를 단호하게 죽이는 장면 자체를 사회가 거부하고 있기 때문이다.

젠틸레스키는 이 그림에서도 유디트의 얼굴에는 자신의 자화상을, 홀로페르네스는 타시의 얼굴로 그려냈다. 실제로는 젠틸레스키가 타시를 죽이는 일은 일어나지 않았지만, 그림 속에서 그녀는 자신을 성폭행하고 상처를 주었던 그를 죽이고 또 죽일 수 있었다. 젠틸레스키의 유디트는 강하게 목을 베고 있는 장면의 그림이 가장 유명하지만, 그 외에도 그녀

카라바지오, 〈홀로페르네스의 목을 치는 유디트〉, 1599

는 다른 버전의 유디트를 여러 장 남겼다. 공통적인 것은 유디트의 얼굴에는 자신의 자화상을, 홀로페르네스의 얼굴에는 타시를 그렸다는 것이다. 그리고 흥미로운 사실은 유디트라는 소재는 아버지 오라치오 젠틸레스키도 즐겨 그렸던 그림이라는 것, 그리고 아버지가 그린 그림과 같은 제목의 그림을 그녀가 남겼다는 것이다.

실제로 사회적으로는 용납되지 않거나 인정되지 않은 욕구를 예술과 같은 다른 활동으로 바꾸어 충족하는 것을 승화(sublimation)라고 한다. 승화는 프로이트의 정신분석학에 기초한 개념으로서 불안으로부터 자신을 보호하기 위해 사용하는 방어기제 중 하나이다. 젠틸레스키는

아르테미시아 젠틸레스키, 〈홀로페르네스의 목을 치는 유디트〉, 1612

오라치오 젠틸레스키, 〈홀로페르네스의 목을 들고 있는 유디트와 그녀의 하녀〉, 1608

타시와 사회에게 표출하지 못했던 원망, 분노, 그리고 살인의 욕구 등의 부정적 감정들을 미술작품이라는 가치 있는 형태로 변화시킨 것이다.

〈야엘과 시스라〉에서도 젠틸레스키의 얼굴을 가진 여성 영웅과 타시의 얼굴을 가진 남자가 등장한다. 그녀 역시 유디트처럼 적장을 죽여 자신의 나라인 이스라엘을 구한 여성이다. 이스라엘과의 전쟁에서 패하고 도망치던 시스라 장군이 한 천막에 숨어 들어가게 되고, 야엘은 시스

아르테미시아 젠틸레스키, 〈홀로페르네스의 목을 들고 있는 유디트와 그녀의 하녀〉, 1625

아르테미시아 젠틸레스키, 〈야엘과 시스라〉, 1620

라를 자신의 천막에 들여 안심을 시킨다. 시스라 장군이 잠이 들자 야엘은 장막을 치는 못을 그의 관자놀이에 박아 죽음에 이르게 한다. 시스라 장군의 얼굴에 비장하게 못을 박고 있는 야엘의 모습은 고통스러운 그녀의 과거를 향한 강한 몸짓이 담겨있다.

그렇게 시간이 흘러 그녀도 50대 중반이 된다. 그녀는 아버지에 대한 원망의 감정으로 인해 25년간 연락이 끊긴 채 생활하고 있었는데, 70세가 넘은 그녀의 아버지가 연락을 해온다. 그녀가 아버지를 만나러 갔을 때 아버지는 〈평화와 예술의 알레고리〉라는 천장화를 그리고 있었는데, 25년 만에 본 아버지는 이미 쇠약해진 상태였다. 잘 보이지 않는 아버지의 눈과 힘이 없어진 아버지의 붓터치를 대신해서, 젠틸레스키는 자신의 힘을 더해 함께 그림을 완성한다. 〈평화와 예술의 알레고리〉는 오랜 시간의 상처 때문에 서로를 보기 어려웠던 부녀가 한 자리에서 만난 증표가 되었다.

젠틸레스키 부녀가 다시 만난 이듬해 아버지가 사망하고, 그의 장례식은 이름을 떨친 화가답게 성대하게 치러졌다. 그리고 그녀는 장례식

오라치오 젠틸레스키, 〈평화와 예술의 알레고리〉, 1638

에 모인 많은 사람들로부터 아버지가 '내가 아는 어떤 화가도 내 딸보다 훌륭한 그림을 그리지 못한다'고 이야기했음을 알게 된다.

트라우마는 정말 의지의 문제일까

심리학자 아들러는 트라우마라는 것은 없고, 그것을 불안으로 느끼는 것은 개인의 선택이라고 이야기한다. 인간은 감정을 선택할 수 있고, 트라우마로 고통받는 것도 자신의 선택에 의해서 발생했다는 설명이다.

　　인지행동심리학에서도 트라우마를 이와 유사한 시각으로 바라본다. 불행하게 만드는 비합리적 신념들이 트라우마를 강화시킨다는 것이다. 신념은 우리가 어떠한 대상이나 상황을 대하는 태도와 믿음, 가치관, 그리고 생활양식 모두를 의미한다. 건강한 신념을 가진 사람은 과거의 중요성을 인정하나 과거의 영향을 분석하여 현재를 살기에, 불필요하게 과거의 사건으로부터 고통받지 않는다. 이런 맥락에서 과거의 트라우마로부터 고통받는 사람은 '인간의 과거 경험은 그 사람의 현재 행동을 결정하는 주요한 요소이며 사람은 과거의 영향력에서 벗어날 수 없다'고 생각하는 것으로 본다.

　　물론 이는 트라우마를 겪고 있는 사람들에게 너무 잔인한 이야기로 다가올 수 있다. 누군가에게는 해결되지 않은 과거의 상처를 '그냥 덮고 넘어가라' 혹은 '다 지난 일이다'라고 대수롭지 않게 이야기하는 자체가 추가적인 상처가 될 수 있기 때문이다. 하지만 트라우마가 현재와 앞으로 살아가야 하는 미래에 여전히 족쇄가 되고 있다면, 노력은 분명 필요하다. 다만 이 노력의 방향은 우리가 보통 생각하는 것과는 조금 다르다.

트라우마의 회복은 과거의 그 시간을 부정하는 것이 아니라, 그 시간을 현재로 가져오지 않는 데서 출발한다. 그때의 사건들, 상황들, 상처받은 나 자신을 그 시간에 그대로 두고 오는 것, 그리고 과거가 존재함을 인정하고 현재의 새로운 도전들을 받아들이며 앞으로 나아가는 것, 그것이 트라우마로부터의 건강한 회복을 이끌 것이다.

스스로에게 건네는
말의 중요성

아침에 눈을 뜨고 잠이 드는 순간까지 우리는 누군가에게 말을 하고 누군가가 하는 말을 들으며 매일을 보낸다. 그 안에서 주고받는 말을 우리는 '대화'라고 부른다. 그래서 대화라고 하면 남과 하는 것으로만 여기지만 이 생각은 틀렸다. 우리는 끊임없이 하루에도 수백, 수천 마디의 말을 스스로에게 건네고 있고, 그 말을 들으면서 사고하고, 느끼고, 움직이고 있다.

이때 한 가지 문제가 있다. '난 충분히 잘 해낼 수 있어', '나는 다른 사람에 의해 휘둘리지 않을 거야'와 같이 도움이 되는 긍정적 자기대화가 있는 반면, '어차피 못할 줄 알았어', '나 같은 게 무슨…'과 같이 자신을 비하하고 무시하는 부정적 자기대화가 있다는 점이다. 의식하지 못한 채 자기대화로 쌓인 이야기들은 나의 생각, 감정, 그리고 행동을 완전히 변화시킨다. 그렇기에 나에게 건네는 대화를 의식하고 바꿔나가는 훈련을 꾸준히 한다면, 삶의 태도와 방향성까지 완전히 바꿀 수 있다.

나는 나에게 어떤 말을 주로 건네고 있을까. 아침에 눈을 뜨며 하루를 시작할 때, 세수하고 거울을 보며 나의 얼굴을 들여다봤을 때, 하루를 준비하고, 또 하루를 보내며 어떤 이야기를 했을까. 부정적 자기대화는 어느 순간 갑자기 침투되기도 한다. 습관이 되어 자동적으로 스스로를 깎아내리는 생각들이 쌓이는 것이다.

피그말리온 효과

자기대화(Self-talk)는 긍정적 사고와 감정을 유도하기 위한 방식 중 하나로 심리학에서 주목받는 훈련법이다. 이는 스스로에게 구체적이고 선명한 대화를 건넴으로써 긍정적 변화를 효과적으로 이끌어낼 수 있다는 것을 전제로 하고 있다. 그렇기에 기대감과 바람이 좋은 결과를 이끌어낸다는 심리학 용어 '피그말리온 효과'와 함께 자주 설명된다.

장 레옹 제롬(Jean-Léon Gérôme)은 피그말리온을 소재로 여러 차례 그림을 그렸는데, 신화에 나오는 이야기는 대략 이렇다. 조각가였던 피그말리온은 자신이 조각한 여인상의 아름다움에 매료되어 갈라테이아라고 이름 짓고 그녀에게 사랑을 느낀다. 사랑에 빠진 조각가는 갈라테이아가 진짜 여자가 되어 살아 움직일 수 있기를 매일 기도했다. 미의 여신 아프로디테가 그의 사랑에 감동하여 갈라테이아에게 생명을 불어넣었고, 피그말리온이 여느 때와 마찬가지로 차가운 조각상에 입을 맞추고 있던 그때, 조각상이 온기가 돌며 움직이기 시작한다. 불가능한 일조차 가능하게 만든 것은 피그말리온의 간절함이었다.

피그말리온은 갈라테이아가 정말 사람이었으면 좋겠다는 소망이 있었다. 이는 '성공했으면 좋겠다', '행복해졌으면 좋겠다'와 같은 자기실

장 레옹 제롬, 〈피그말리온과 갈라테이아〉, 1890

현적 예언이다. 자기실현적 예언은 스스로에게 이름표(tag)를 붙이는 작업을 하는 것이다. '나는 어떤 사람인가'에 대한 질문에 대한 대답이 부정적이라면 부정적인 행동과 감정이, 긍정적이라면 긍정적인 행동과 감정이 수반될 가능성이 높다. 예를 들어 3년 뒤에 성공할 것이라고 스스로를 설정한 사람은 그렇지 않은 사람보다 성공률이 높다.

'자기대화'는 기대감에서 더 나아가 생생하고 선명한 상황을 설정하도록 하고 이것을 자신에게 이야기하며 전달하는 방식이다. 예를 들어 '살 빼야지'라는 말은 분명 기대감을 가지고 있는 소망이지만 구체성이 낮다. 이것보다는 조금 더 구체화된 자기대화가 좋다. 살을 뺀 자신의 모습을 생생하게 눈에 보이듯 그려보는 작업이 필요하다.

예를 들어 다음과 같이 생각해 볼 수 있다. '28인치의 허리둘레를 가질 것이고, 그에 맞게 밝은 회색 정장을 맞추겠어. 스트라이프 패턴이 잔잔하게 들어있는 것이면 좋겠군. 무광의 검정 구두를 신고 미팅을 가기 위해 머리는 깔끔하게 드라이하고, 건물에 들어가기 전 유리에 비친 내 모습을 보면 우아하고 멋질 것 같아.' 이와 같이 자신이 바라는 모습을 선명히 그려내는 것이 자기대화의 기본이다.

긍정적 자기대화는 스스로를 좋은 방향으로 바꾸는 역할을 하지만 부정적 자기대화는 끊임없이 자신을 깎아내리는 역할을 한다. 미술치료 현장에서 자신에게 건네는 천사와 악마의 목소리를 말풍선에 적어 넣는 작업을 하도록 했을 때, 자신에게 건네는 부정적 자기대화는 놀라울 만큼 창조적이고 잔인한 경우가 많다. 또한 부정적 자기대화는 구체적이고 자기 맞춤형인 경우가 많다. '중요한 서류에 또 오타를 많이 낼 줄 알았다', '딸애 친구 엄마들이랑 대화할 때 이 단어 안 쓰려고 했는데 또 썼네'와 같이 자신이 실수한 것을 명확하게 짚어내고, 이를 통해 '결국 또 실수하겠지'와 같은 부정적 예언을 함으로써 다시금 자신을 깎아내리는 것이다.

반면 긍정적 자기대화는 '괜찮아, 이 정도면 잘했지'와 같이 일반적인 표현으로 끝내는 경우가 많다. 이것은 자신이 부정적인 사람이라서가 아니라 대부분의 사람들에게 보편적으로 해당되는 사항이다. 세계 공통적으로 감정단어는 70%가 부정적이며 30%만이 긍정적이다. 인간은 부정적 상황에서 감정에 더 골똘히 집중하는 경향이 있기에, 인위적으로 개입하지 않은 상황에서 부정적 자기대화가 강화되는 것은 당연한 일이다. 그렇기 때문에 긍정적 자기대화는 의도적으로 자주 사용해야 하는 것이다. 그리고 그 힘을 제대로 발휘하기 위해 긍정적 자기대화는 더욱 자기맞춤형이어야 하고 구체적이어야 한다.

"난 사랑받지 못할 줄 알았어"

천재적인 재능을 가지고 태어났던 프랑스의 조각가 카미유 클로델은 빛나는 재능에도 불구하고 스스로에게 건넨 부정적 자기대화로 인해 결국은 파멸에 이른 인물이다. 카미유 클로델(Camille Claudel)은 〈생각하는 사람〉과 〈지옥의 문〉으로 알려진 조각가 오귀스트 로댕(François-Auguste-René Rodin)의 연인이었다. 19세였던 클로델은 당시 43세였던 로댕의 작업실에 조수로 들어갔고, 둘은 사제관계에서 연인관계가 되었다.

클로델이 프랑스 살롱전에서 최고상을 받은 〈샤쿤탈라〉는 로댕과

카미유 클로델, 〈사쿤탈라〉, 1888

오귀스트 로댕, 〈키스〉, 1882

카미유 클로델, 〈중년〉, 1893~1899

의 뜨거운 사랑을 표현한 작품으로, 로댕이 비슷한 시기에 작업한 〈키스〉
와 상당히 닮아있다. 아마도 두 작품에 등장하는 남녀가 같은 사람들을
가리키고 있기 때문일 것이다. 그러나 로댕에게는 이미 오랜 동거녀 로즈
가 있었고, 클로델과의 관계가 지속되는 도중에도 로즈와의 관계를 끝
내지 않았다. 결국 처음으로 사랑에 빠졌던 선생님이자 남자였던 로댕이
로즈를 선택하면서 9년간의 연애가 끝난다.

　　클로델은 로댕과의 이별로 인해 삶이 송두리째 무너지는 경험을
하게 된다. 다른 여자를 선택하고 떠나버린 그를 붙잡고 싶은 마음을 표

현한 〈중년〉은 마지막까지 손을 놓고 싶지 않았던 클로델의 마음을 안타깝게 보여주고 있다.

스물여덟이라는 충분히 젊고 빛나는 나이, 그리고 예술가로서의 재능까지 가졌던 그녀이지만 마음의 상처는 그 모든 것을 무의미하게 만드는 힘이 있었다. 로댕과 클로델은 사제관계였고 서로의 뮤즈가 되었던 만큼 작품의 스타일이 닮을 수밖에 없었다. 사람들이 자신을 로댕의 아류로 볼 거라는 생각, 헤어진 로댕이 앙심을 품고 자신의 앞길을 막을 거라는 생각, 그리고 자신의 인생은 결국 망가졌다는 생각 등이 그녀를 옥죄었고, 피해망상을 동반한 자기불신은 더 이상 그녀가 앞으로 나아가지 못하게 만들었다.

클로델은 스스로의 작품을 부수기도 했고, 술에 의존했으며, 좋은 거래 제안이 들어와도 로댕이 자신을 훼방하기 위한 책략일 것이라며 거절하기 일쑤였다. 피해망상과 조현병 증상으로 정신병원에 입원하게 되었고, 30년간 정신병원에 갇혀있다가 결국 쓸쓸히 죽음을 맞이했다.

만약 그녀가 스스로 충분히 가치 있는 사람임을 인정했더라면, 술과 자책감에 찌들어도 괜찮다는 자기허락을 철회했더라면 어땠을까. 뛰어난 재능으로 직업적으로도 인간적으로도 더 충만한 삶을 살았을 것이고, 지금의 우리 역시 그녀의 더 많은 작품을 감상할 수 있었을 것이다.

극도의 스트레스를 받고 궁지에 몰리게 되면 사람들은 합리적이지 않은 선택을 하게 된다. 인간의 사고는 합리적인 구조로 되어있지만 감정은 그렇지 못하기 때문이다. 한계에 다다른 불안은 시야를 좁게 만들고, 이때 스스로를 믿지 못하게 되면, 부정적인 자기대화에 귀를 기울이게 된다.

한 번 시작된 자기대화는 그 목소리의 크기가 점점 불어난다. 작은 실패에도 자책하고 스스로를 점점 믿지 못하게 되는 것이다. 안 될 것이라는 생각이 싹을 텄을 때 실수를 저지르게 되었다면, '거봐, 안 될 거라고 했잖아'라고 스스로의 에너지를 갉아먹는 대화를 반복해 버린다.

학습된 무력감이 남긴 것들

스스로에게 무력감을 강화하는 자기대화는 습관이 된다. 좋지 않은 상황을 반복적으로 겪게 되면, 극복하려는 시도조차 없는 자포자기의 현상을 겪는다. 이것은 학습된 무력감(learned helplessness)이라고 불리며, 이 감각은 우울감으로 연결되기 쉽다. 1967년 미국의 심리학자인 셀리그먼(Martin Seligman)과 마이어(Steve Maier) 박사는 24마리의 개를 대상으로 우울증 실험을 하던 도중 학습된 무력감이라는 개념을 발견하게 된다. 연구팀은 24마리의 개를 3개의 그룹으로 나누어 1번, 2번, 3번 상자에 넣고 각각 다른 방식으로 전기충격을 가했다. 요즘 같아서는 행해지지 않을 잔인한 동물실험이었다. 1번 그룹의 개들은 코로 레버를 움직이면 전기충격이 멈추는 환경이었고, 2번 그룹의 개들은 레버를 끈으로 묶어놔서 개가 어떤 노력을 해도 전기충격을 멈추는 것이 불가능한 환경이었다. 3번 상자의 개들에게는 전기충격을 가하지 않았다. 24시간 후에 연구팀은 장애물을 넘기만 하면 전기충격을 피할 수 있는 상자에 24마리의 개들을 재배치하였다. 이때, 앞서 1번과 3번 그룹에 있던 개들은 장애물을 넘어 전기충격을 피했으나, 2번 그룹의 개들은 장애물을 넘어가지 않고, 그대로 전기충격을 견뎌냈다. 2번 그룹의 개들에게는 자신이 어떤 노력을 해도 전기충격에서 벗어날 수 없다는 무력감이 학습된 것이다. '나는 안 될 것이다'는 부정적 자기대화가 만든 결과였다. 그러나 다행인 것은 학습된 무력감의 고리는 끊을 수 있다는 것이다. 자신에게 보내는 긍정적 자기대화를 통해서 말이다. 셀리그먼 박사는 이를 '학습된 낙관주의'라고 설명했다.

나를 위하는 대화의 시작

마음이 지칠 때 누군가의 위로를 기대할 수 있지만, 사실은 그런 기다림보다 더 빠른 회복의 정답은 자기 자신에게 있다. 나를 가장 잘 알고 가장 가까이에서 지켜본 사람은 바로 자기 자신이기 때문이다. 살아가는 것은 힘겨운 일이다. 인간은 태어나자마자 자신을 시험에 들게 하고 공격하는 외부로부터 스스로를 보호해 가면서 매일을 살아가는 존재이다. 자신을 괴롭게 하는 것이 이 세상에 안 그래도 너무 많은데 본인 스스로를 더 힘들게 할 필요는 없지 않은가. 나를 인정하고 알아주는 가장 첫 번째 사람은 바로 자기 자신이어야 한다. 비난은 주변에서 듣는 것만으로도 충분하다. 베르트 모리조(Berthe Morisot)의 〈화장하는 젊은 여인〉은 여성 화가로서의 한계를 느끼던 그녀가 포기하지 않고 자신을 격려하는 모습이 투영되어 있다.

거울에 비춰지는 자신의 얼굴을 보며 긍정적 자기대화를 진행할 때 이는 훨씬 더 효과적인 결과를 가져온다. 또한 긍정적 자기대화는 최

베르트 모리조, 〈화장하는 젊은 여인〉, 1877

대한 구체적인 것이 좋다. '좋게 살아야지'보다는 '나는 지금 내게 해가 되는 습관들은 하나둘씩 지워나가는 중이다. 그리고 나쁜 습관이 사라진 자리에는 내 삶을 건설적으로 만들어갈 수 있는 요소들로 꽉꽉 채울 것이다. 이렇게 채워진 긍정적인 생각을 통해 건강한 생각을 하고, 또 그런 생각은 나의 신체와 대인관계 역시 건강하게 만들 것이다. 난 아직 완전한 사람은 아니지만, 불완전함으로부터 한 발자국씩 벗어나는 것만으로도 충분히 기쁘게 생각한다'와 같이 최대한 구체적으로 구구절절 이야기 하는 것이 훨씬 좋다. 머릿속으로 그려보는 것보다는 글로 적어 눈으로 보는 것이 좋고, 그보다 더 좋은 것은 거울을 보며 자기 자신과 눈을 마주치며 이야기하는 것이다.

부정적인 자기대화를 줄이는 것은 연습이 필요하고 긍정적 자기대화를 하는 데는 더 많은 연습이 필요하다. 신경 써서 시도해야 하고 반복해야 한다. 자신이 잘하고 있고 내일은 더 잘할 것이라는 이야기를, 심지어 구체적으로 자신에게 건네려면 당연히 쑥스러울 것이다. 그러니 처음에는 단 몇 초의 변화라도 괜찮다. 꼭 입 밖으로 내지 않아도 괜찮다. 자신을 깎아내리던 생각들을 조금 내려놓는 것부터 시작해도 괜찮다는 것을 기억하자.

상처를
드러낼 것

불안과 공포라는 단어는 비슷한 상황에서 혼용되어 사용되고 있지만, 이 둘은 과잉각성의 대상이 없는지 있는지에 따라 명확하게 구분되는 감정단어이다. 모호하고 명확하지 않은 위험에 대해 긴장의 상태에 놓이게 되는 것, 그러한 감정 때문에 무력감을 느끼고 걱정하면서 자기 자신에게 부정적인 이야기를 건네게 되는 것. 이것이 불안의 특징이다.

그러나 불안이라는 감정 그 자체가 나쁜 것은 결코 아니다. 불안감을 느끼지 않은 동물들은 위험에 적절히 대비하지 못하거나 무모한 도전을 쉽게 하여 생존에 불리했다. 미래에 어떤 일이 닥칠지 모른다는 걱정은 우리를 신중하게 만들었고, 지금껏 안전하게 살아오도록 했다.

정신의학에서는 불안을 '정신적 무질서'로, 국어사전에서는 '마음이 편하지 않고 조마조마함'이라고 정의하고 있다. 불안을 발생시키는 요인은 환경적인 요소, 대인관계 요소, 트라우마적 사건, 신체건강이나 스스로의 자존감 등 특정할 수 없이 다양하고 개인에 따라 모두 다르다.

불안은 안전함과 대비되는 감각이기에, 인간을 다양한 방식으로 변화시키려는 시도를 하게 된다. 결국 인간은 불안을 통해 더 안전한 방식을 찾거나, 혹은 더 나은 도전을 하게 되는, 즉 성장의 단계를 경험하게 된다. 그러나 성장하지 못할 경우 스스로를 고립시키거나 사회적으로 도태되는 부정적 선택을 하기도 한다. 불안이 지속적으로 더 큰 불안을 불러일으켜 스스로를 갉아먹게 만드는 것은 그것을 감추고서 보지 않으려는 시도들이다. 그런 의미에서 노르웨이의 표현주의 화가 에드바르트 뭉크는 자신의 상처와 고통을 숨기지 않고 드러내면서 스스로를 치유한 대표적인 작가이다.

가족을 잃은 기억들

앞서도 잠시 언급한 적이 있지만, 에드바르트 뭉크는 그의 생애 전체에 걸쳐 작품 속에 불안의 감정을 담았다. 대표작 〈절규〉는 그가 공황발작이 일어나던 순간을 그림으로 나타낸 것으로, 갑자기 숨이 쉬어지지 않는 그 순간을 불타오르는 하늘이 검은 강물을 삼키며 혼란스럽게 요동치는 모습으로 표현했다. 그의 삶을 불안으로 물들게 한 것은 사랑하는 가족들의 순차적인 죽음이었다.

지금은 폐결핵이 생명을 크게 위협하는 질병으로 분류되고 있지는 않지만, 뭉크가 살던 시대에는 폐결핵만으로도 사람들이 사망하는 일이 잦았다. 뭉크의 가족도 폐결핵을 피해가지는 못했다. 뭉크는 다섯 살 때 어머니를, 열세 살 때에는 누나를 폐결핵으로 잃었고 언젠가 자신도 죽지 않을까 하는 두려움 속에서 매일을 살아갔다. 26세에는 아버지가 사망했고, 32세에는 남동생이 사망했다. 뭉크는 태어나서 기억나는 순간부

에드바르트 뭉크, 〈절규〉, 1893

에드바르트 뭉크, 〈문 밖에서〉, 1893

터 가족들의 병간호를 하고 있었고, 침상에 누운 병자는 죽음의 공기를 방 안 가득 채웠다. 그런 환경 속에서 뭉크 자신도 신경쇠약, 우울증, 공황장애 등 심리적 장애들과 싸워야만 했다.

뭉크가 겪은 첫 가족의 죽음은 어머니였다. 아직 죽음과 삶이라는 단어의 뜻도 잘 모르던 어린 시절, 어머니는 먼저 세상을 떠났다. 자신이 가진 불안의 극도의 표현으로 나타낸 〈절규〉를 그리던 같은 해에, 뭉크는 〈문 밖에서〉라는 그림을 남기게 된다. 그림 속에는 어린 뭉크가 어머니의 손을 잡고 문 밖에 나가는 중이다. 어리고 작기만 했던 아들은 갑자기 사라진 어머니의 품이 그립고 보고 싶었을 것이다. 어머니 사망 후 25년의 시간이 지났지만 뭉크는 여전히 어머니의 손을 잡고 있던 자신의 모습을 그리고 있었다.

혼자 살아남은 불안감

뭉크는 여러 그림에서 가족의 죽음을 다루었다. 가족이 언제 죽을지 모른다는 불안감 자체는 아프던 가족이 사망함으로써 사라진다. 그러나 모든 불안감이 사라지는 것은 아니다. 완전한 이별이라는 죽음을 경험하고 난 후에는, 자신 역시 그 죽음을 피해갈 수 없다는 불안감이 다시금 엄습하기 때문이다. 한 가족 구성원이 자살을 했을 때, 심리치료 현장에서는 남은 가족들을 '자살 생존자(suicide survivor)'라고 부른다. 죽음을 강렬하게 경험한 사람들은 상당히 높은 확률로 자살사고(suicide thinking)가 전염될 수 있기 때문이다. 남은 가족이 자살사고에 감염되어 실제로 자살을 선택하는 경우도 있지만, 꼭 그렇지는 않더라도 대부분은 이 사건이 있기 전과 있은 후의 삶의 양식 자체가 달라지는 경험을 하게 된다.

유명인의 경우에도 대중에게 자살사고를 전염시킬 수 있다. 대표적인 사회심리용어가 '베르테르 효과(Werther effect)'이다. 1974년의 미국 사회학자 데이브 필립스(Dave Philips)에 의해 만들어진 단어로, 1774년 처음 출판된 괴테의 자전적 소설『젊은 베르테르의 슬픔』에서 주인공 베르테르의 권총자살 이후, 권총을 통한 자살이 급증한 것을 바탕으로 하고 있다. 당시에는 이 이유로 책의 판매가 중지될 정도였다. 그리고 베르테르 효과보다 강렬한 것이 가족의 죽음이다. 뭉크는 평생에 걸쳐서 가족들의 죽음을 경험하고 그려냈는데, 그에게 가장 강렬했던 가족의 죽음은 누나 소피아의 죽음이라고 회상했다.

뭉크의 어머니는 그가 죽음에 대해 잘 알지 못했던 다섯 살 때에 사망했지만 누나는 뭉크가 열세 살의 사춘기 소년일 때 어머니와 같은 폐결핵으로 사망했다. 뭉크는 누나 소피아가 사망한 지 20년이 지나고 그녀가 죽던 순간을 그림에 그려낸다. 그는 이 그림의 시공간을 혼재시킴으로써 전달하고자 하는 의미를 명확히 한다. 그림 〈병실에서의 죽음〉에서 뭉크가 전하고자 한 메시지는 분명하다. 누나는 20년 전에 죽었지만, 방 안에 있는 사람들은 그 당시가 아니라 나이가 더 든 모습으로 표현되어 있다. 아버지는 하얀 수염이 나있어 세월이 그만큼 흘렀음을 보여준다. 한 가족 구성원의 죽음은 아무리 시간이 지나도 남은 가족에게 계속적으로 고통을 주며, 뭉크의 가족 역시 예외는 아니라는 것을 분명히 이야기하고 있었다.

에드바르트 뭉크, 〈병실에서의 죽음〉, 1895

사랑도 불안 속에서

뭉크는 사랑하는 연인과도 많은 아픔을 겪어야 했다. 그중 사랑했던 여인 다그니 유을(Dagny Juel-Przybyszewska)은 화재로 인해 사망했는데, 뭉크는 〈붉은 담쟁이〉를 통해 불에 타 죽은 유을을 애도했다.

생애 마지막 연인이었던 툴라 라르센(Tulla Larsen)과도 비극적인 이별을 하게 된다. 〈살인녀〉는 툴라 라르센을 그린 것으로, 라르센은 뭉크에게 결혼을 강요하면서 결혼해 주지 않으면 자살하겠다는 협박을 했다. 그리고 이를 제지하는 과정에서 오발 사고가 나면서 뭉크의 손가락이

에드바르트 뭉크, 〈붉은 담쟁이〉, 1898

에드바르트 뭉크, 〈살인녀〉, 1906

관통하는 사건이 발생했다.

　뭉크는 불안한 상황이 닥칠 때마다 그것을 마음속에 억압하여 두 거나 회피하지 않았다. 자신에게 일어난 일이 아닐 것이라고 부정하지도 않았고 그 감정을 고스란히 그림에 옮겨 담았다. 불안한 마음이 날뛰지 않도록 캔버스 위에 붙잡아 둔 것이다. 누구나 마음속 불편한 이야기들을 털어놓고 나면 정리가 되는 기억들이 있을 것이다. 감정은 알아차려 주는 것만으로도 상당히 치유되는 경향이 있기 때문이다.

태양을 그리다, 희망을 그리다

뭉크의 삶에서 고통스러운 순간들을 정리해 보았을 때, 그가 이러한 절망의 시간들 속에서 희망을 바라보기란 상당히 어려운 일처럼 보인다. 그러나 그는 어느 정도 시간이 지나자 삶을 새로운 방식으로 바라보려는 노력을 했다. 대학병원 정신과에서 치료를 받기도 하고, 그림으로 대중들에게 더 다가가기도 했으며, 많은 사람들에게 공감을 받았다는 것도 알게 되었다. 결국 뭉크는 그 자리에 머물러 있지 않기를 선택했고 오슬로 대학에서 벽화 의뢰가 들어왔을 때, 회복의 희망을 담은 그림 〈태양〉을 그려낸다.

다음 페이지에 소개하는 이 그림을 보면, 밝은 태양빛이 그림 구석구석까지 빛을 전달하고 있다. 우울한 감정과 상처받은 모습을 생생하게 표현하여 많은 대중들의 공감을 얻었던 작가인 만큼, 〈태양〉이 보여주는 긍정적인 희망의 빛은 사람들에게 감동을 주기에 충분했다. 뭉크는 자신의 삶을 불안감 속에 던져두는 것이 아니라 밖으로 나와 태양을 보기를 선택했던 것이다. 뭉크의 〈태양〉이 대중들에게 전하는 희망의 힘은, 현재 노르웨이의 화폐 1000크로네 지폐에는 뭉크의 얼굴이, 그 뒷면에는 그의 그림 〈태양〉이 실려 있다는 것을 통해 확인할 수 있다.

뭉크는 〈태양〉을 기점으로 삶에 대한 태도를 달리했다. 이미 벌어진 지난 일들에 대한 우울감, 현재의 신경쇠약에 대한 불만, 언젠가는 죽을지 모른다는 불안감에 몰두하지 않기로 한 것이다. 그리고 불안이 자신을 괴롭히는 족쇄가 아니라 자신의 일부였다는 것을 깨닫고, 그 안에 존재하는 에너지를 통해 성장해 나가기를 선택했다.

불안을 통해 성장하기

건강한 불안함을 가진 사람은 미래를 예측하고 좋지 않은 미래가 예상될 때 그것을 긍정적으로 수정해 나가려고 시도한다. 그러나 불안사고가 과잉된 사람들은 불안이 또 다른 불안을 야기하면서 불필요한 불안의 덩어리를 키우기도 한다.

인간 모두에게 24시간이라는 시간이 주어지듯, 감정적 에너지도 매일 할당량이 정해져 있다. 이런 감정적 에너지를 낭비하는 방법에는 세 가지가 있다. 과거 한탄하기, 현재 불평하기, 미래 걱정하기가 그것이다. 이중 '미래 걱정하기'는 오지 않은 미래의 사건들에 '만약에~'로 시작하는 문장을 머릿속으로 만들어가며 불안을 느끼는 방식이다. '내일 비가 오면 어쩌지?'라는 걱정이 들 때, 우산을 미리 챙겨놓는 것은 건강한 일이다. 그러나 아침에 '내일 만약에 비가 많이 와서 운전하다가 미끄러져 죽으면 어쩌지?'와 같은 생각들이 정신을 지배하고 이 때문에 밤잠도 거의 자지 못한다면, 이것은 과잉불안이다. 뭉크가 어렸을 때부터 죽음을 접함으로써 '나도 갑자기 죽으면 어쩌지?'라는 불안 속에 살았던 것은 어찌 보면 자연스러운 일일 수도 있다. 그러나 그 불안이 아직 많이 남아있는 뭉크의 삶의 영역을 침범하고 말았다. 다행히 어느 정도의 시간이 걸리긴 했지만, 뭉크는 그곳으로부터 빠져나오기를 선택했다.

현재 자신의 불안 수준이 높다고 판단된다면, 불안의 좋은 면을 잘 활용할 수 있도록 생각을 바꿔볼 수도 있다. 대인관계나 자존감의 문제 등 내면에서 발생하는 불안에 잠식되어 있을 때 그 자리에 머물러 있기를 선택할 수도 있지만, 뭉크가 〈태양〉에서 희망을 이야기했던 것처럼

에드바르트 뭉크, 〈태양〉, 1910~1911

분명 각자 자신만의 태양을 발견하는 것도 가능하기 때문이다.

지금 나에게 불안한 요소들을 하나하나 적어보자. 일, 사랑, 가족, 대인관계, 돈 등 세상에 불안한 요소는 너무나도 많을 것이다. 그렇지만 그 안에서도 자신의 성장에 도움이 될 수 있는 요소들이 분명 있다. 불안 속에 웅크리고 있을지, 불안함을 드러내고 태양을 볼지는 스스로의 선택에 달려있다. 최종적으로, 불안이 성장의 발판이 되기 위해서는 자기파괴적 요소가 될 수 있는 불안을 잘 달래고 살펴, 그 안에서 사용 가능한 에너지들을 현명하게 골라야 한다. 그 선택은 뭉크가 그랬던 것처럼, 태양처럼 밝은 희망을 보여줄 것이다.

4장

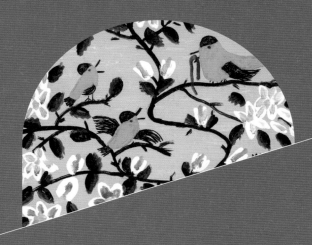

덜 불행해지는
연습을 해볼까요

내가 느끼는
주관적인 충만함

인간은 이상적인 상태를 향해 나아가려는 본능이 있다. 이러한 본능이 예술을 창조하고 더 나은 도구를 만들게 하였으며 인류를 발전시켰다. 인간은 꿈을 가지고 이상을 향해 살아가면서 스스로를 성장시키기도 하고 성취감을 느끼며 그 다음 단계를 바라보는 존재이다.

그러나 모든 사람들이 가장 이상적인 상태에서 살고 있지는 않다. 또한 각자가 생각하는 이상적인 상태에 대한 기준도 모두 다르다. 한국에서 대학 진학을 꿈꾸는 입시생들이 모두 서울대를 목표로 하지도 않으며, 잘생기고 예쁜 연예인을 무조건 이상형으로 설정하고 있지도 않다. 자신의 상황과 가치관 등에 따라 그 기준은 각기 다르다.

최상은 어렵지만 최선은 가능하다

각자 설정한 이상이 모두 다르다는 전제하에, 이제는 한 개인의 삶에 집중해 보자. 우리는 누구나 일정 부분 만족스럽지 않은 삶을 살아가고 있다. 심지어 자신의 목표에 근접한 삶을 산다고 해도 마찬가지다.

자신의 목표와 현실이 일치하지 않았을 때, 이를 어떻게 받아들이고 살아가는가는 한 개인의 몫이다. '지금의 삶에 만족하는가?'라는 질문에 '그렇다' 혹은 '아니다'라는 2개의 답만이 존재하는 것은 아니다. 오히려 우리의 실제 삶은 '그러한 부분도 있고 그러하지 않은 부분도 있다'에 더 가깝다. 자신에게 주어진 것들, 그리고 자신이 수행해 나가야 하는 것들이 꿈꿔왔던 최상이 아닐 수도 있지만, 그것을 이용해 최선을 만드는 것은 누구에게나 가능한 일이다. 자신이 기대했던 바와 다르기에 '고작 이만큼 밖에' 안 된다고 실망할 수도 있지만, '이만큼이나' 이뤄낸 스스로에게 만족하고 감사할 수도 있는 것이다.

더 나은 상황이 아님에 불평하는 대신 자신이 가지고 있는 것들을 최대한 활용하고 그 안에서 행복을 찾는 것. 이것은 현재에 머무르기를 택한다는 뜻이 아니다. 이상을 바라보느라 놓치고 지나가 버리는 '지금'이라는 소중한 순간들의 충만함에 집중한다는 것이다. 오늘을 충분히 즐기고 만족하기 위해서는 오늘을 위한 노력이 필요하고, 그 노력에는 결국 성장이 수반된다.

캐나다의 작가 모드 루이스(Maud Lewis)는 이러한 삶의 태도를 밝고 희망적인 이미지들로 담은 화가로 알려져 있다. 오른쪽에 보이는 루이스의 그림 속에는 고양이 세 마리가 등장한다. 꽃밭 앞의 고양이는 특별한 소재가 아닌 평범함 그 자체이다. 이것을 루이스는 선명한 색으로 거칠게 그려냈다. 가난했고 몸에 장애가 있었고, 원룸에서 거의 움직이지 못한 채 그림을 그렸지만, 그녀의 그림에는 희망이 있다. 그녀를 웃게 만드는 만족스러운 충만함이 담겨있기 때문이다.

모드 루이스, 〈파란 눈을 가진 흰 고양이〉, 1965

내가 찾아가는 나의 길

모드 루이스는 캐나다를 대표하는 민속화가이며 밝고 화사한 이미지로 알려져 있지만, 사실 그녀는 지독히도 가난했고 선천적 류머티즘 관절염으로 인해 왜소한 몸에 불편한 움직임을 지닌 채 평생을 살아가야 했다. 그런 모드에게 어머니는 그림을 알려주었고, 그녀는 어린 시절부터 수채화로 그린 크리스마스카드를 만들어 5센트에 팔기 시작했다. 그러나 그녀의 아버지와 어머니가 연이어 사망하면서 어려운 삶을 보내게 된다. 몸이 불편한 그녀를 오빠 찰스는 귀찮아했고 이모에게 그녀를 맡겼으나 이모 역시 그녀를 짐으로 여겼다.

그러던 중 그녀는 물고기 행상인이었던 44세의 에벗 루이스(Evertt Lewis)가 자신의 집에서 숙식을 하며 집을 정리해 줄 가정부를 구한다는 걸 알게 된다. 그녀는 불편한 몸으로 10km를 걸어 곧바로 그의 집으로 간다. 자신의 삶을 독립적으로 살아가려는 선택이었다. 집안일을 잘하는 가정부를 기대했던 에벗은 왜소하고 절뚝거리며 몸이 불편해 보이는 그녀를 마음에 들어 하지 않았다. 보육원 출신에 어려운 환경 속에서 살아가던 그는 전혀 다정하지 않았고, 그와 그녀는 서로 탐탁지 않아 했다. 집은 복층식 원룸으로 다락방에 있는 침대 하나에서 둘이 자야 했고, 1층에는 공간이 거의 없었다. 만족스럽지 않은 서로였지만 누추한 환경에서 가정부로 일할 지원자도 없었고, 모드 역시 이모의 집에서 벗어나 있을 곳이 필요했다. 이 둘은 함께 지내기로 결심했고, 몇 주 뒤 혼인신고를 하게 된다.

모드 루이스, 〈모델 T〉, 1962

최선이 불러온 성공

그녀는 집을 더 나은 공간으로 꾸미기 위해 자신이 가지고 있던 물감으로 벽에 그림을 그려 나가기 시작한다. 그리고 어릴 적 어머니가 그리도록 했던 작은 크리스마스카드를 그려 남편의 고객에게 5센트에 팔았는데, 이 그림이 사람들에게 인기를 끌기 시작했다. 이렇게 번 돈으로 남편은 그녀에게 첫 유화 물감을 선물한다.

거실의 창문을 통해 빛이 겨우 들어왔지만 모드는 그림을 그리면서 늘 노래를 흥얼거렸다. 그녀는 작은 나무판부터 쿠키 시트, 집안의 스토브, 문, 빵 상자 등 그릴 수 있는 모든 곳에 그림을 그렸다. 사랑하

모드 루이스의 집

는 그림을 캔버스에 그리지 못하는 상황을 탓하는 것이 아닌, 그릴 수 있는 모든 곳을 캔버스로 생각했던 그녀였다.

모드가 남긴 그림들은 대부분 크기가 작다. 류머티즘 관절염으로 인해 손의 이동성이 낮아서 큰 그림을 그릴 수 없었기 때문이다. 그래도 남편의 고객으로부터 좋은 반응을 얻으며 입소문이 나기 시작했고, 한 미국인 고객이 그녀에게 그림을 주문하기도 했다. 그녀의 작품이 사랑받으면서 마샬에 있는 그들의 집은 작업실이자 그림을 판매하는 화랑으로 변한다. 집의 위치가 노바스코샤 서부의 주요 고속도로이자 관광루트였던 것도 도움이 되었다. '그림을 팝니다'라는 팻말을 걸어놓았고, 지나가던 사람들이 그림을 사기 시작하면서 그녀는 점차 유명해졌다.

그러던 중 CBC-TV의 프로그램에 출연하며 더 큰 인기를 얻게 되었고, 캐나다의 로버트 스탠필드 총리가 직접 마샬 타운의 집에 방문해 작품을 사기도 했다. 1970년 미국의 백악관에서도 그녀의 그림 두 점을 주문한다. 동물들과 자연은 모드에게 상상의 자원들이 되었다. 마샬의 작은 집에서 태어난 그녀의 그림세계는 붓과 물감을 통해 점차 확장되어 나갔다. 아름다움을 그려내는 그녀가 세상을 어떻게 바라보는지를 사람들은 궁금해했다.

완벽하지 않지만 내게는 완벽한

모드가 다니거나 활동할 수 있는 공간은 넓지 않았다. 멀리 나가기도 어려워 주로 집에서 시간을 보내고 그림을 그렸지만 집의 공간은 매우 협

모드 루이스, 〈눈썰매 타기〉, 1950년대

소했다. 에벗과 결혼한 이후 한 평생을 자신의 동네 밖으로 나가지 않고 오두막집에서 그림만 그리며 살았다. 그러나 그녀는 인터뷰에서 다음과 같은 말을 남겼다.

"나는 내 집이 좋습니다. 내 앞에 붓 하나만 있으면 그걸로 충분해요."

그녀의 그림은 사물을 직접 보고 그리는 것이 아니라 기억과 상상에 의존한 그림들이 주를 이룬다. 동물을 사랑했던 그녀는 소, 말, 새, 닭, 사슴, 고양이 등을 그렸고, 어린 시절의 기억들과 가끔씩 나가는 남편과의 외출을 통한 기억들을 물감으로 표현했다. 몸이 불편하더라도 그림을 그리려는 열정이 있었고 아주 작은 행복에도 감사할 줄 알았던 그녀였다. 그녀의 그림은 그녀의 상상을 통해 완벽한 그림이 되었다.

과거 모드는 아버지가 누구인지 모르는 아이를 출산했다가 출산 직후 다른 집에 입양을 보낸 적이 있었다. 가족들은 그런 그녀를 수치스럽다며 짐스러워 했기에 모드는 사람과의 소통이 쉽지 않았다. 남편 에벗 역시 보육원에서 자란 온갖 일을 하며 자란 탓에 사람과 온정을 주고 받는 것이 익숙지 않았지만, 미완성이었던 이 두 사람은 상처를 안아주며 서로에게 완벽한 사람이 되어갔다. 모드는 1970년 63세의 나이로 사망했는데, 에벗은 그녀가 죽는 그 순간까지 곁을 지켰다. 캐나다 노바스코샤 미술관에는 모드와 에벗이 살았던 작은집이 복원되어 전시되고 있고 캐나다의 우표에도 모드 루이스의 작품이 그려져 있다.

내가 가지고 있는 위대한 가치

노란 새들이 사과꽃 위에 앉아서 지저귀고 있다. 누군가는 그저 스쳐지나갈 수 있는 이 장면을 루이스는 소중히 캔버스에 옮겼다. 루이스의 주변에 가득한 가치 있는 모습들이었다. 사람들은 자신이 가지고 있는 가치의 소중함을 쉽게 망각한다. 더 성공하고 싶고, 더 이름을 알리고 싶고, 더 좋은 사람으로 평가받기 위해 노력하다가 지금 나의 행복을 나중으로 미루는 경우가 많다. 지금보다 더 나아져야 행복을 누릴 자격이 있다고 생각하고, 다른 사람과의 비교를 통해 스스로의 한계를 그어버리면서, 그로 인해 손에 쥐고 있는 것들을 무의미하게 느끼기도 한다.

삶의 질은 스스로 느끼는 삶의 '만족감'으로부터 비롯된다. 나 스스로 가치 있는 존재라고 느끼는 것이 자존감이라면, 만족감은 삶의 빈 공간들을 가득히 채워주는 요소이다. 만족감 역시 스스로에게 던지는 질문들을 통해 정리할 수 있다. 내가 원하던 삶과 지금의 삶이 어느 정도 가까운지, 내가 요즘 느끼는 삶의 컨디션은 몇 점인지, 내가 '만족스럽다'고 느끼는 신체의 부위는 무엇이며 나의 성격, 일, 인간관계에서의 요소는 무엇인지, 내가 나의 삶을 더욱 충만하게 느끼기 위해서는 내가 어떤 부분을 더 노력하면 좋을지, 그것을 함께 지지해 줄 누군가가 있는지 등의 답을 찬찬히 생각해 보자. 그리고 앞으로의 삶을 더 균형 있게 만들기 위해 어떤 부분이 스스로에게 중요한지, 그 부분을 위해 어떤 변화를 추구할지 결정해 보는 것도 좋을 것이다.

모드 루이스, 〈노란 새와 사과꽃〉, 1960년대

순간의 위안을 위한
단기적 선택

대박 세일시즌에 아울렛을 방문했다. 좋은 물건이 너무 싸게 나와서 이것저것 잔뜩 쇼핑을 했더니 양손에 쇼핑백이 자꾸만 쌓여가고 무게도 점점 무거워진다. 그러다가 어느 순간, 한계점에 다다른다. '더 이상 쇼핑백을 늘리는 것은 무리!'라는 판단이 내려졌을 때, 우리가 할 수 있는 선택은 쇼핑을 거기에서 그만두고 지금까지 산 것에 만족하거나, 쇼핑백을 어딘가에 맡기거나 차에 옮겨놓는 일이다. 더 이상 들 수 있는 손이 없는데 무조건 싸다고 쇼핑을 계속할 수는 없다. 양손이 무거워져서 어떤 선택이 필요하다고 생각하는 그 순간, 우리는 이제 무엇을 내려놓고 무엇을 더 취할지 선택을 해야 한다.

1712년 스코틀랜드의 작가 존 아버스놋(John Arbuthnot)의 작품에 첫 등장한 존 불은 영국인을 조롱하는 차원에서 만들어진 캐릭터였지만, 많은 영국 작가들이 자신의 작품에 등장시키면서 영국의 국민성을 대표하는 캐릭터로 자리매김했다. 1896년 미국의 저널 《Puck》에 실린 존 불은 양손에 장난감과 음식을 가득 움켜쥐고 있다. 손에 다 들리지 못한 물건들 몇 개는 바닥에 떨어져 있다. 정치적인 풍자화로 그려진 그

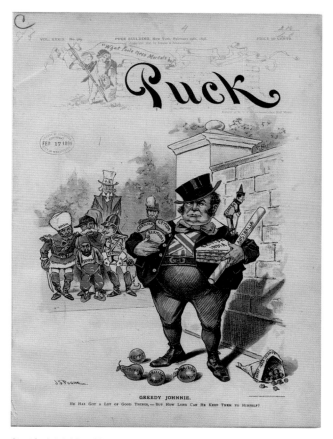

《Puck》 저널, 〈탐욕스러운 존 불〉, 1896

림이지만, 자신이 감당할 수 없는 상황에서 그 어떤 것도 선택하지 않고 쥐고 있는 인간의 모습을 충분히 잘 나타내고 있다.

삶에 어떤 문제가 있다고 느끼면서도 그것을 그대로 덮고 지나가는 사람들이 있다. 괜히 마주하며 불편한 것도 싫고, 지금까지 해오던 대로 그냥 사는 것도 나쁘지 않다고 생각하기 때문이다. 물론 모든 문제를 직면하고 지닐 필요는 없다. 그러나 변화를 바라면서도 달라지지 않는 스스로를 한심하게 여기고 있다면 불편함을 감수해야 한다. 그렇게 하지 않는다면 아무런 변화를 기대할 수 없다. 변화는 선택의 연속이다. 손에 새로운 것을 잡을 수 있는 확률은 현재 가지고 있는 것들을 내려놓기 전까지는 거의 없다고 봐야 한다. 그리고 새로운 것은 불편함으로 이어진다.

회피를 선택하는 사람들

회피적 신념을 가진 사람들은 삶의 어려움이나 자기가 지고 갈 책임을 직면하기보다는 회피하려고 한다. 어떤 불편한 상황을 마주했을 때, 그 불편한 감정을 없앨 수 있는 가장 빠른 방법은 그 감정을 회피하는 것이기 때문이다.

마르크 샤갈(Marc Chagall)은 러시아의 화가로 가난한 유대인 집안에서 9형제의 장남으로 태어났다. 미술을 시작하게 된 22세의 샤갈은 14세의 소녀 벨라 로젠벨트를 만나 사랑에 빠졌고, 1915년 벨라가 20세가 되던 해 결혼식을 올린다.

〈생일〉은 그런 그들의 사랑을 화폭에 담은 작품이다. 벨라는 꽃다발과 생일 케이크를 들고 샤갈의 방문을 열었다. 그런 그녀가 너무나 반갑고 고마운 그가 그녀에게 황홀한 입맞춤을 하고 있다. 그의 몸은 즐거움에 하늘 위로 붕 떠올랐고, 그의 두근대는 마음을 따라 벨라도 하늘 위로 떠오르려 하고 있다. 꽃다발을 든 벨라의 손 이외에는 손도 그려져

마르크 샤갈, 〈생일〉, 1915

있지 않다. 입맞춤의 아름다움과 순수함을 온전히 강조하고 싶었던 것으로 보인다. 샤갈은 이 그림에 대해 "나는 그냥 창문을 열어두기만 하면 됐다. 그러면 그녀가 하늘의 푸른 공기와 사랑과 꽃과 함께 스며들어 왔다. 온통 흰색으로 혹은 검은색으로 차려입은 그녀가 내 그림을 인도하며 캔버스 위를 날아다녔다"라고 회고한다. 〈생일〉은 샤갈이 벨라와 결혼하기 몇 주 전에 완성된 그림이다.

이들은 결혼 후 딸 이다를 낳고 29년을 함께 살았으나 어느 날 벨라가 갑작스러운 바이러스에 감염된다. 가벼운 인후염인 줄 알았지만 열이 많이 나기 시작했고, 당시 전시 상황이었던 터라 병원은 제대로 된 약을 갖추지 못했다. 혼수상태에 빠진 벨라는 1944년 9월 2일 저녁에 숨을 거둔다. 아내의 죽음을 대하는 그의 태도는 회피였다. 그림도 그리지 않고 아무것도 하지 않았다. 그리고 벨라의 죽음을 반유대주의의 탓으로 돌리기 시작했다. 벨라가 치료를 위해 방문했던 병원에 백인 기독교인만 받는다는 표지판이 있었으며 병원에서 나이와 이름, 그리고 종교를 물었다는 것이다. 종교를 묻는 질문에 그녀가 입을 다물었고 이런 불편함으로 인해 호텔에 가게 되어 손쓸 수 없이 늦어졌다고 회고록에도 기술한다. 유럽에서 추방당했던 경험을 덧붙여 가며 샤갈은 아내의 죽음의 원인을 외부에서 찾았다.

우리의 뇌는 기본적으로 위협을 받았을 때 싸우거나 피하는 것 중 하나를 선택하도록 설계되어 있다. 오래 전에 살았던 우리의 조상은 자신을 공격해 오는 동물을 만났을 때 목숨을 구하기 위해 동물과 싸우거나 도망을 갔고, 그러한 DNA를 우리의 뇌가 전수받았기 때문이다.

피에르 오귀스트 코트(Pierre Auguste Cot)의 〈폭풍〉에서는 강한 비

피에르 오귀스트 코트, 〈폭풍〉, 1880

바람을 피해 도망을 가고 있는 남녀의 모습이 담겨있다. 비와 바람은 외부에서 작용하는 위협 상황이다. 차가운 비를 오랜 시간 맞고 있거나 바람에 날아다니는 물건에 맞기라도 한다면 우리의 생명은 위험해질 수 있다. 위협 상황에서 피하는 성향은 '투쟁-도피 스트레스 반응'으로 불리는데, 이것은 인간이 천부적으로 지닌, 위급한 상황에서 생명을 지키는 고유 능력이다.

사실 현대 사회에서는 신체적인 위협이 가해질 만한 위험은 거의 없다. 대부분의 위협은 스트레스와 같은 내면적인 것이 주를 이룬다. 이때 우리는 직면하는 것과 회피하는 것 중에 선택을 해야만 한다.

물론 건강한 사람들도 회피를 사용한다. 프로이트는 사람이 이성적이고 직접적인 방법으로 불안을 통제하기 곤란한 상황에서 자아의 붕괴를 막기 위하여 무의식적으로 방어기제를 사용한다고 설명했다. 이 방어기제에는 자아를 보호하는 요소와 위험하다는 신호를 보내는 요소가 포함된다. 그렇기에 지극히 정상적인 사람들도 어느 정도의 회피를 통해 자아를 보호한다.

미봉책도 나쁘진 않지만

하지만 문제를 회피하면서 지금 잠깐 눈앞의 불편함만 해소하려는, 즉 미봉책을 선택하는 사람들은 순간적인 위안에 만족하고 만다. 미봉책은 말 그대로 임시로 꾸며대어 눈가림만 하는 계책을 의미한다. 본질을 바라보지는 않지만 현재의 상황에서 느끼는 불편함을 해결하기 위해 우선적으로 선택하는 게 대부분이다. 그러므로 불편한 상황은 순간적으로만 해소될 뿐 지속적으로 삶에 위험요소가 된다.

물론 매순간 투쟁하며 살 수는 없다. 살다 보면 지치는 순간도 오기 때문이다. 다음 페이지에 나오는 고갱의 〈올리브 산 위의 그리스도〉를 보면, 그림 속 예수도 다소 지쳐 보인다. 유다와 병사가 예수를 체포하려 저 뒤에서 다가오고 있다. 저벅 저벅 발자국 소리가 나고 붉은 머리의 예수는 체념한 듯 눈을 감고 있다. 고갱은 자주 예수의 모습에 자신을 투영했는데, 1889년 파리에서의 전시가 실패로 돌아가게 되면서 사람들로부터 거부당한 자신의 모습을 그림에 그려냈다. 열심히 준비했던 작품이 외면당했을 때에는 미봉책으로 이런 좌절과 고난을 예수의 고통에 비유하면서 정신승리를 할 수도 있는 노릇이다. 우선의 불편한 감정들은 해결하고 봐야 할 것 아닌가.

그동안 불편한 것들을 버리지 않고도 지금까지 문제없이 살아올 수 있었던 것은 일시적인 미봉책을 지속적으로 사용해 왔기 때문일 수도 있다. 하지만 순간적인 위안을 위해 장기적인 행복을 계속 미루고 있는 건 아닌지 꼭 생각해 봤으면 한다.

미봉책은 순간적으로 기분을 바꾸어 준다. 부정적 감정을 회피하고 치킨을 먹는 것은 언제나 즐겁다. 경기가 좋지 않을수록 담배와 술의 판매량은 증가하는 것도 이런 이유에서이다. 그리고 일시적으로는 마치 그것이 해결책인 것처럼 착각하기도 한다. 예를 들어 친구와 술을 먹으며 회사의 욕을 하는 것은 기분이 좋아지기에 문제가 해결된 느낌이 난다.

심지어 미봉책 역시 자생력을 얻고 패턴화된다. '운동을(또는 외국어 공부를) 시작해야 한다'는 생각이 들었을 때 실행의 불편함보다 쉬는 것

폴 고갱, 〈올리브 산 위의 그리스도〉, 1889

을 선택하는 사람들은 자신의 패턴을 잘 알고 있다. 불편한 가족 구성원과 그냥 지금처럼 지내는 것이 괜히 들쑤시는 것보다 낫다는 생각을 할수도 있다. 이미 관계가 끝났다고 느껴지는 연인과의 헤어짐을 계속 미루는 사람들은 이별을 할 때 발생하는 정신적 에너지와 이별 직후 느껴지는 심리적 고통을 경험하고 싶지 않기 때문에, 아무런 선택도 하지 않고 흐지부지 끝나기를 기다린다. 현재 직장에 대한 불만이 많고 늘 그만두고 싶다고 입버릇처럼 이야기하지만, 당장 직장을 그만두고 새로운 곳에서 적응해야 하는 불편함을 피하고 싶어서 사표를 내는 것을 계속해서 미룬다. 그리고 부모의 기대감으로 만들어진 착한아이로 살아가는 사람들은 가짜 자신을 버리고 진짜 자신을 마주할 때 겪어야 하는 성장통을 피하기 위해 착한아이에서 은퇴하기를 미룬다.

기억해야 할 것은 미봉책의 선택을 반복하며 부정적 감정과 문제 행동을 하는 이유는 대부분 '내가 지고 갈 책임을 직면하는 것보다 회피하는 것이 더 쉽다'는 신념 때문이라는 것이다. 혹시나 당장의 불편한 감정을 피함으로써 느껴지는 안도감에 빠져있는 건 아닌지, 그래서 자동적으로 미봉책을 선택하고 있는 건 아닌지 생각해 볼 시간이다. 감정의 회피는 안도감으로 이어지고, 그 순간 더 이상 변화는 일어나지 않기 때문이다.

세상을 다양한 시각으로
바라보기

19세기 후반은 유럽의 문화적 번성기였다. 교통망과 기계가 발달하면서 산업이 발전했고 부유한 중산층이 증가하면서 문화에 대한 관심도가 높아졌다. 진보적이고 도전적인 미술양식에 관대해지면서 인상주의와 같은 새로운 화풍에 대해 너그러워지던 사회였다.

20세기 초는 새로운 물리학 이론들이 출현하던 전성기였다. 독일의 이론물리학자 알버트 아인슈타인(Albert Einstein)은 모든 것이 기계처럼 맞물려 돌아가고 다른 가능성이 부재하다고 주장한 뉴턴의 고전물리학과 전혀 다른 접근의 상대성 이론을 내놓았다. 그동안 절대적으로 여겨졌던 시간과 공간이 분리된 개념이 아니라 상대적임을 밝힌 것이다. 상대성 이론에 따르면 두 사건이 공간적으로 다른 장소에서 일어날 때, 관측자에 따라 시간은 모두 다르게 나타난다. 길이, 폭, 깊이의 차원으로 이루어진 3차원 공간에 살고 있는 우리가 4차원을 경험할 수 없는 이유는 시간을 팽창시킬 수 없기 때문이다. 이후 양자역학의 시초가 되는 독일의 이론 물리학자 베르너 하이젠베르크(Werner Heisenberg)는 미시세계에서는 복수의 가능성이 중첩되며 정해진 것은 없다고 이야기했다. 이른 바 하이젠베르크의 불확정성의 원리이다.

시간과 공간을 합쳐진 개념으로 받아들이는 동시성(simultaneity)의 개념은 20세기 초 새로운 예술을 갈망하던 예술가들의 움직임에서도 발견되었다. 동시성의 개념은 공간을 초월하면서 사물들의 모든 측면을 한 번에 보여주는 그림의 탄생에 관여하게 된다. 사물의 앞과 측면만을 보는 화가들이 위와 아래, 혹은 뒷면까지 함께 보이는 그림을 그리기 위해서는 시간이 확장되고 공간이 수축되어야 한다. 따라서 이 불가능한 일을 실현시키려면, 사물을 큐브와 같이 단순화시키고 해체시켜 펼쳐놓아 여러 면을 동시에 나타내자는 결론에 도달한다. 그 결과 이제 앞과 옆, 위와 아래, 그리고 뒷면까지가 모두 한 장에 담기게 된다. 이렇게 시점을 이동하며 담아낸 입체주의는 고정된 시각에서 사물을 바라보던 원근법을 파괴시켰다. 절대적이었던 고전물리학이 유일한 답이 아니었던 것처럼, 절대적이었던 르네상스 이후의 미술의 규칙들도 이제 유일한 답이 아니게 되었다. 인류가 가지고 있는 지식의 지평이 과학과 함께 확대되면서 다차원적인 시각을 담는 예술이 함께 탄생하게 된 것이다.

한 장의 그림에 담긴 다양한 시점들

르네상스 이후부터 화가들이 암묵적으로 따랐던 약속이 있었다. 하나의 시점에서 대상을 바라보며 직선 원근법을 지키고, 형태와 명암의 규칙에 따라 입체감을 표현하는 것이었다. 그러나 프랑스의 후기 인상주의 화가 폴 세잔은 놀라운 변화를 시도했다. 한 장의 그림 안에서 하나의 시점이

(위) 페테르 클라스, 〈아침식사〉, 1646 / (아래) 폴 세잔, 〈커튼이 있는 정물〉, 1895

아닌 여러 개의 시점을 동시에 담아 그린 것이다. 네덜란드의 화가 클라스(Pieter Claesz)의 정물화에서는 테이블과 접시, 그리고 주전자를 바라보는 시점이 고정되어 있다. 그러나 세잔의 정물화에서는 도자기 주전자와 과일, 그리고 테이블을 보는 시점들이 모두 다르다. 일부는 앞으로 쏟아질 것처럼 보인다.

세잔의 파격적이고 당황스러운 구도와 정물의 배치에 많은 사람들이 그의 그림을 조롱했지만, 그의 정물화에 담긴 다양한 시점의 의미를 정확하게 이해한 화가가 있었다. 천재라 불리는 스페인의 화가 파블로 피카소(Pablo Picasso)와 프랑스의 화가 조르주 브라크(Georges Braque)가 그 주인공이다. 이 둘은 입체주의의 개념에 동의한 동료 작가로, 함께 작업을 하며 서로의 작품에 영향을 주기도 했다. 그리고 이들이 사물의 다양한 진짜 모습을 평면에 보여주기 위해 다각도로 접근한 방식은 '입체주의'라는 완전히 새로운 미술 사조를 탄생시키게 된다.

늘 정답이라고 생각되던 것들이 때로는 유일한 정답이 아닐 때가 있다. 수백 년간 모두가 따라왔던 규칙이 깨지는 순간 놀라운 미술이 시작되었다. 인생을 바라보는 관점도 마찬가지이다. 다른 각도로 바라보면 이미 존재했던 것들에게서 새로운 것들을 발견할 수 있다.

본질을 찾다

브라크는 세잔의 풍경화에서 대상을 점차 단순하게 바라보는 본질적인 접근에 큰 영향을 받았다. 폴 세잔은 처음에 인상주의 화가로 시작했지

폴 세잔, 〈생 빅투아르산〉, 1904

만 순간을 그린 인상주의 그림에 만족하지 않고, 시간이 흘러도 영원할 수 있는 대상을 남기려 했다. 하나의 풍경을 수도 없이 그리던 세잔은 세상의 모든 형태의 본질은 원통, 원뿔, 구로 이루어졌다는 것을 깨닫고 전통 회화를 넘어선 그림을 남기게 되었다.

　브라크의 풍경화는 계절감도, 날씨도 느껴지지 않는다. 풍경 그 자체를 그린 것이 아니라 풍경의 본질을 그리려는 시도였기 때문이다. 당시에 미술계의 거장이었던 야수파 화가 앙리 마티스(Henri Matisse)는 매년 가을 프랑스에서 열리는 미술 전시회 '살롱 도톤느'에 출품된 브라크의

조르주 브라크, 〈에스타크의 집들〉, 1908

〈에스타크의 집들〉을 보며 "그림 속에 작은 입방체들이 있다"고 설명했으며 이로 인해 입체주의라는 단어가 탄생한다.

이후 '과거의 관념에서 미술을 해방시켰다'는 극찬을 받게 된 입체주의적 접근은 대상을 해체하고 재구성하기 시작했다. 점점 형상은 사라지고 사물의 본질적인 구조만이 남게 되었고, 그렇기에 개인적인 해석이

폴 세잔, 〈목욕하는 5명의 여인들〉, 1887

나 감정 개입이 작품에 들어갈 필요가 없게 되었다. '무엇을 그리는가'에 관한 주제보다는 '어떻게 그리는가'에 관련된 표현 방식에 우선순위를 두었기 때문이다.

인간은 복잡한 구조를 지닌 유기체이다. 그러나 인간을 구성하고

파블로 피카소, 〈아비뇽의 처녀들〉, 1907

있는 가장 기본적인 요소로 접근하면 인간은 원자로 구성되어 있다. 우주의 폭발로 인해 생겨난 원자들이 생명체를 만들어내기 시작했고, 원자들은 우리의 몸을 만들고 우리가 사망하면 다시 원자로 돌아간다. 복잡성을 모두 제외하면 가장 단순한 것만 남게 되는 것이다. 미술적 접근에서의 가장 본질적인 것은 색이 아닌 형태 그리고 가장 단순화된 구조였으며, 입체주의는 그 본질을 바라보는 시도에 가장 충실했다.

단순하게 바라보기

그러다 1907년, 입체주의를 대표하는 역사적인 그림이 완성된다. 세잔의 〈목욕하는 여인들〉 시리즈로부터 영향을 받은 피카소가 그의 작업실에서 〈아비뇽의 처녀들〉을 완성한 것이다. 그림의 주인공은 아비뇽 거리의 매음굴 여성들이었는데, 단순화된 여성의 몸이 기하학적이면서 왜곡된 모습으로 그려져 있다. 앙리 마티스에게 이 그림을 먼저 보여주었던 피카소는 악평을 들었고 이 때문에 10년간 대중에게 공개하지도 않았다. 실제로 이 그림은 20세기를 통틀어 가장 높은 찬사와 악평을 동시에 받은 그림이기도 하다.

생각의 관점에서 우리가 무엇을 이해하기 위해서는 단순화 작업이 필요하다. 하나의 대상체는 수많은 묘사와 표현들이 섞여있는 복잡한 덩어리이기 때문에, 그것을 이해하기 위해서는 대상을 집합화하고 단순화하여 받아들이는 것이 필수적이다. 각자의 삶의 경험이나 관점, 지식 및 추구하는 바에 따라 제각기 단순화시키는 방법도 다를 것이다. 너무나 복잡해진 세상에서 삶의 양식과 생각을 단순화하여 살아가는 것은 그만큼 중요하다.

마인드 미니멀리즘 – 생각을 간소화하는 작업

미니멀리즘(minimalism)이란 삶의 양식이 있다. 미니멀리즘은 삶에서 불필요한 것들을 제거하고 사물이나 소재의 본질만을 단순하고 간결하게 남겨 본질에 보다 집중하고자 하는 양식을 의미한다. 미니멀리즘은 본래 2차 세계대전을 전후하여 시각예술 분야에서 사용되며 탄생한 용어였으나, 곧 문학, 회화, 연극, 건축 등 예술 전반으로 그 영역을 넓혔으며 이윽고 삶의 양식까지도 확장되었다. 미술에서의 미니멀리즘은 선과 면 등의 핵심 요소만으로 디자인을 최소화하여 연출함으로써, 극단적인 단순화를 통해 효과의 극대화를 불러오는 것을 주요 특징으로 한다. 로버트 모리스(Robert Morris)의 설치 작업은 초창기 미니멀리즘의 철학에 기반한 대표적인 작업으로 손꼽는다.

사실 지금 우리는 '많음'이 문제인 시대를 살고 있다. 물건을 포함하여 우리의 생각, 삶의 갈등, 인간관계 등 삶의 전 영역이 그렇다. 채우는 것이 급급했던 과거의 시대가 막 독립을 시작한 비어있던 집과도 같았다면, 지금의 시대는 이미 물건이 한가득 넘치는 작은 아파트와도 같다. 정말로 내게 필요한 것이 무엇인지와 불필요하고 공간만을 차지하는 것이 무엇인지를 구분해 내는 능력이 필요해졌다는 것이다.

유일한 정답은 없다

미국의 이론물리학자 리처드 파인만(Richard Feynman)은 한 사물의 본질은 여러 가지 측면이 있을 수 있다고 설명했다. 그의 화가 친구가 파인만에게 이런 말을 한 적이 있었다. "너는 사물을 있는 그대로 보지 못해. 꽃의 아름다움을 느껴야 하는데 너는 꽃의 세포와 꽃의 역학만을 바라보니, 안타깝다." 이에 파인만은 다음과 같이 대답했다. "나는 사물의 본질을 더 많이 이해하고 아름다움을 느끼기 때문에 내 지식은 아름다움을 느끼는 데 방해가 되지 않아. 화가는 색채적 지식이 더 많기에 색의 아름다움을 이해하는 데에는 나보다 뛰어날 수 있겠지만, 내가 꽃의 DNA의 구조, 꽃이 어떻게 성장하는가에 대한 관점으로 바라본 꽃은 여전히 아름다워."

　하나의 사물의 본질은 무한한 가능성을 가지고 있다. 그러나 많은 사람들이 한 가지 방식으로 해석하는 것이 마치 정답이고 더 나은 것처럼 여기기도 한다. 대상을 어떻게 바라보는가, 그리고 대상을 어떻게 해석하는가에 따라 본질과 가치는 다양성과 생명력을 지니며 성장한다. 고정된 잣대에 매몰되지 않고, 본질을 어떻게 이해하는가에 따라 다양성은 확장된다.

　그런 면에서 입체주의는 한 가지가 아닌 다른 방식의 접근을 시도했다는 점에서 편견이 없는 그림이다. 복합시선을 하나의 그림에 표현한 점은 다양한 시각의 필요를 느끼게끔 한다. 차별은 한 가지 관점에서만 바라보자 하는 편견으로부터 비롯되기 때문이다.

　아인슈타인과 하이젠베르크가 물리학의 지평을 열고 새로운 것들을 발견해 냈지만, 여전히 뉴턴의 고전물리학은 가장 기초적인 진리로서 지금도 유효하다. 뉴턴의 이론이 틀린 점은 '고전물리학만이 맞다'라고 접근한 것뿐이다. 그리고 르네상스의 직선원근법 역시 가장 기초적인 미술의 접근이지만 복합시선의 입체주의도 틀리지 않았다. 이렇게 하나의 대상을 다양한 관점으로 바라볼 때, 이제까지는 보이지 않던 새로움들을 발견할 수 있다.

고통을
이겨내는 힘

살다 보면, 어떤 이에게는 행운이 항상 함께하는 것처럼 느껴지지만, 어떤 이들은 불행을 정면으로 맞닥뜨리며 살아가는 것처럼 보이기도 한다.

미술치료 프로그램 중 '인생그래프'라는 게 있다. 자신의 인생에서 가장 오래된 기억부터 현재까지를 하나의 선으로 놓고, 연대기순으로 자신에게 영향을 주었던 사건들을 체크해 나가는 것이다. 그때의 감정이 플러스 감정이었다면 위쪽에, 마이너스 감정이었다면 아래에 체크하여 인생의 굴곡을 쭉 연결시키면 된다. 현재까지 자신에게 여전히 영향을 미치고 있는 사건들을 떠올리고, 그것이 왜 자신에게 중요한 사건인지와 어떤 영향을 미치고 있는지에 대해 되짚어볼 수 있는데, 이를 통해 자신의 인생의 굴곡도 함께 확인할 수 있다.

그런 면에서 멕시코의 화가 프리다 칼로(Frida Kahlo)는 인생의 마이너스와 플러스에서 크나큰 굴곡을 보였던 화가이다. 인생의 끈을 놓고 싶을 만큼 커다란 고난과 시련들을 겪었지만, 여기에 지지 않고 자신을 믿으며 생애 마지막까지 달린 인물이다.

첫 번째 시련, 교통사고

1925년, 멕시코의 명문 국립예비학교를 다니던 18세 소녀 프리다 칼로는 남자친구와 버스를 타고 귀가하던 도중 버스가 전차와 부딪히는 사고를 당하게 된다. 쇄골, 갈비뼈, 척추가 부러졌고, 골반은 세 조각이 났다. 철근이 골반을 뚫고 질을 관통했고, 오른쪽 다리는 조각이 났으며 발은 으스러졌다. 의사는 그녀의 부모의 '다시 걸을 수 있냐'는 질문에 살 수 있을지가 걱정이라는 대답을 했다.

그녀가 의식을 회복하고 손을 움직일 수 있게 되었을 때 그녀의 부모는 병실의 천장에 거울을 설치해서 그녀가 그림을 그리며 시간을 보낼 수 있게 해주었다. 프리다 칼로는 미술을 전공하지 않았지만 그림을 그리는 것을 좋아했고, 또 재능도 있었다. 매일 밤낮으로 해가 뜨고 지는 것만 보고 있던 무료한 병실생활에서, 그림을 그리는 순간만큼은 자신이 불행한 상황이라는 것을 잊고 아픔으로부터 잠시 빠져나올 수 있었다.

사진 작가였던 칼로의 아버지는 자신의 카메라 장비를 팔아가면서까지 그녀의 치료에 전념했고, 가족의 짐이 되고 있지만 언젠가 '꿋꿋한 불구자'가 될 수 있기를 희망하며 그녀 역시 치료에 전념했다. 퇴원 후 휠체어를 타고 생활하며 계속 그림을 그리던 그녀는 지팡이에 의존하여 걷다가, 나중에는 지팡이 없이 자력으로 걸을 수 있게 되었다. 죽을 고비를 넘긴 그녀였기에 남은 삶은 선물과도 같은 시간이었다. 그녀가 처음 그리기 시작한 대상은 자신, 그리고 가족들이었다. 평소에는 한 사람을 열심히 관찰할 일이 없었지만, 그림을 그리면서 그녀는 세심한 관찰

프리다 칼로, 〈부러진 기둥〉, 1944

을 해야 했다. 이후 그녀는 평생 자화상을 그리면서 자신 안에 숨어있는 또 다른 자아를 만난다. 이렇게 그림은 그녀에게 굉장히 큰 힘을 선사했고, 스스로 살아남을 수 있다는, 그리고 앞으로 나아갈 수 있다는 희망의 신념을 불어넣었다.

두 번째 시련, 디에고 리베라

하지만 그림이 그녀에게 삶의 희망만을 부여한 것은 아니었다. 그녀는 당대 멕시코 미술의 거장 디에고 리베라(Diego Rivera)에게 자신의 그림을 가지고 찾아가 '나의 그림을 평가해 달라'고 요청한다. 2층에서 작업 중이던 그는 올라오라고 그녀에게 말을 했지만 계단을 오르기에 다리가 불편했던 그녀는 내려오라고 외친다. 당돌했던 첫 만남 이후 리베라는 그녀의 그림에 대해 '독특하고, 훌륭하고, 빼어나다'며 재능을 인정했고, 다양한 예술가의 사교모임에 그녀를 동행시키며 인맥을 넓히게 해주었다. 이후 둘은 예술적 교류를 하면서 연인으로 발전하게 된다. 리베라는 진보주의자였고, 그녀 역시 진보적인 여성이었다. 칼로의 그림 〈프리다와 디에고 리베라〉에서는 몸이 약해 왜소한 그녀와 큰 덩치의 리베라가 대조적으로 그려져 있다.

칼로의 부모님은 처음에 리베라를 마음에 들어 하지 않았다. 스무 살이 넘는 나이 차, 2번의 이혼 경력, 그리고 무신론자라는 것이 그 이유에서였다. 그러나 병원 치료비 등 여러 가지 지출이 많았던 그녀의 집에는 많은 빚이 있었고, 이미 성공한 작가였던 리베라는 그녀 집의 빚을

프리다 칼로, 〈프리다와 디에고 리베라〉, 1931

모두 청산해 주며 결혼에 이른다. 존경하는 선배이자 멘토와의 결혼, 그녀 앞에는 장밋빛 나날들만 펼쳐질 줄 알았다.

하지만 곧 심각한 문제가 찾아왔다. 리베라가 그의 두 번째 부인이었던 과다루페 마린(Guadlupe Marin)을 자신들의 신혼집 2층에 살도록 한 것이다. 마린은 칼로에게 '디에고가 좋아하던 음식의 레시피를 알려주겠다'며 그녀의 주방을 자유롭게 드나들었다. 처음에 칼로는 마린과 친해질 생각이 없었지만, 리베라와의 결혼 생활은 둘을 가까워지게 만들었다.

리베라는 "나는 나의 모델들과 늘 성관계를 해. 마치 악수와도 같은 것이니 의미를 부여할 필요가 없어"라고 칼로에게 말했다. 처음부터 경제 형편이나 사회적 지위 등이 평등한 관계가 아니었기에 칼로는 사랑하는 남자가 하는 이야기를 받아들이고자 했다. 그러나 기형적인 이러한 관계는 칼로에게 스트레스를 주었고, 두 번째 부인 마린과 리베라의 흉을 보며 둘은 친해지게 된다. 칼로는 마린의 초상화를 그려주기도 한다. "리베라는 친구로서는 최고인데, 남편으로서는 최악이다." 이 문장은 칼로와 마린이 가장 강력하게 동의할 수 있는 부분이었다.

성공한 작가였던 리베라는 뉴욕 현대미술관에서 개인전 제안을 받게 된다. 그녀는 미국에 함께 따라가는데, 환경이 바뀌면 둘의 관계가 좀 나아질 것이라는 기대감 때문이었다. 뉴욕은 리베라에게 열광했다. 5만 명이 넘는 사람들이 그의 그림을 보러 현대미술관 앞에 줄을 섰다. 리베라는 대중의 사랑을 좋아했고 미국이 주는 자극을 사랑했다. 수많은 여성들이 그에게 다가갔고, 그는 거부하지 않았다. 리베라의 빛이 강한 만큼 칼로의 그늘은 짙어져만 갔다.

프리다 칼로, 〈헨리포드 병원〉, 1932

둘의 관계를 회복하고자 칼로는 임신을 시도한다. 그러나 심각했던 교통사고로 인해 그녀의 몸은 임신을 하기에 어려움이 컸다. 그렇게 3번의 유산을 경험한 후 신체적으로도 정신적으로도 큰 상실감을 느낀 그녀는 병원에 입원하는 동안 그녀가 겪은 감정을 〈헨리포드 병원〉라는 작품에 담는다. 이 그림에서는 교통사고로 다쳤던 척추에 있는 철골, 리베라와의 사랑이 변치 않기를 염원하는 보라색 난, 건강하지 못한 골반, 복잡한 자신의 몸에 대한 생각, 잃어버린 아이, 그리고 시간이 너무나도 느리게 가는 병원에서의 시간들을 자신의 몸과 붉은 실로 연결시켜 묘사하고 있다.

그러나 그녀의 시련은 여기서 멈추지 않았다. 알고 보니 자신의 여동생 크리스티나와 남편이 내연관계였던 것이다. 더 이상 집에 있는 것이 어렵다고 판단한 칼로는 디베라와 이혼을 선택하고, 복잡한 마음을 정리하듯 짧게 머리카락을 잘랐다. 리베라가 그녀의 긴 머리를 사랑했기 때문이다. 그녀는 리베라로부터 상처받은 자신의 마음과 시간들을 잘라 없애버리고 싶은 염원을 담아, 그림 속 바닥에 머리카락을 흩뿌려 놓는 묘사를 하기도 했다. 더 이상 리베라가 사랑한 칼로는 없다는 상징적인 행동이었다.

리베라로부터 받은 상처는 그녀의 작품 〈단지 몇 번 찔렀을 뿐〉에 적나라하게 드러난다. 당시 사회적 이슈가 되었던 재판 중 남자친구가 여자친구를 칼로 찔러 죽인 사건이 있었다. 판사가 그에게 '왜 여자친구를 찔러 죽였는가'에 대해 묻자 그는 "판사님! 그냥 몇 번 찔렀을 뿐이에요. 스무 번도 안 된다고요!"라고 답했다. 그녀는 그 사건이 마치 자신을 보는 것과 같다고 생각했다. 리베라는 그냥 계속해서 그녀를 아무 생각 없

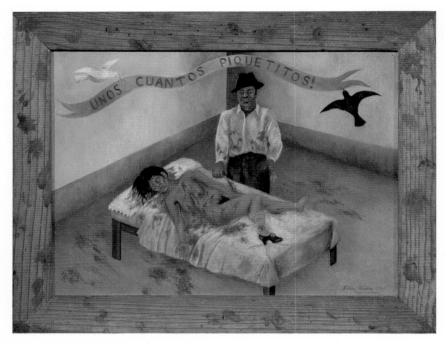

프리다 칼로, 〈단지 몇 번 찔렀을 뿐〉, 1935

이 찔러댔을 뿐이었다. 그림 속 여성의 얼굴은 칼로 자신이, 그리고 남성의 얼굴에는 리베라의 얼굴이 묘사되어 있는데, 남성의 입꼬리는 살짝 올라가 있다. 마치 "너에게 상처 줄 의도는 없었어. 왜 혼자 상처받고 그래?"라고 말하는 듯하다. 상처를 주는 사람들은 상처 줄 생각이 없었다고 이야기하고, 또 그래서 미안함도 크게 없다. 마찬가지로 리베라 역시 그녀에게 큰 상처를 계속해서 주면서도 그녀에게 끊임없이 돌아오고 싶어 했다. 나이 든 리베라는 한참의 시간이 지난 후 칼로에게 다시 결혼하자는 제안을 한다.

결국 칼로는 다시 그를 받아들인다. 리베라는 단 한 번도 칼로만을 위한 남자가 된 적은 없었지만, 그녀는 그에게 마치 신앙심과도 같은 사랑을 보여주었던 것이다.

믿음, 용서, 그리고 포용

한편 시간이 갈수록 칼로의 몸은 계속해서 악화되었다. 오른쪽 다리를 절단해야 했고, 몇 차례 척추 수술을 받았지만 실패했다. 언젠가부터 대부분의 시간을 누워서 보내야 했던 그녀였지만, 하루에 서너 시간씩 힘겹게 앉아서 붓질에 매달렸다. 그것은 자신의, 그리고 또 다른 이들의 잘못을 지우고 용서하는 붓질이었다.

그녀가 사망하기 몇 년 전 그린 작품 〈우주, 대지, 디에고, 나, 그리고 세뇨르 솔로틀의 사랑의 포옹〉에는 그녀의 인생을 관조하는 듯 멀리서 바라본 자신이 그려져 있다. 우주는 멕시코를 품었고, 멕시코는 프리다 칼로 자신을 품었다. 그리고 그녀의 품속에는 아기처럼 안겨있는 디에고 리베라가 있다.

가장 절망적이던 순간을 자신에게 주었던 사람을 온전히 품음으로써 칼로는 운명의 희생자가 아니라 모두를 안고 가는 숭고한 승자가 되었다. 자신을 믿고, 상대를 용서했으며 모든 것을 안아준 칼로. 그녀는 누구보다 힘든 인생을 살았지만 포용과 용서라는 이름으로 남은 삶을 살기로 결심한다. 멕시코에서는 칼로를 500페소 지폐에 담았는데, 이때

프리다 칼로, 〈우주, 대지, 디에고, 나, 그리고 세뇨르 솔로틀의 사랑의 포옹〉, 1949

멕시코가 칼로의 대표작으로 선택한 그림이 바로 〈우주, 대지, 디에고, 나, 그리고 세뇨르 솔로틀의 사랑의 포옹〉이다.

　　각자 자신의 인생을 되짚어 보았을 때, 분명 절망적인 순간도 있을 것이고 희망에 부푸는 시간도 있을 것이다. 결과적으로 과거의 이 모든 것들이 쌓여서 지금의 자신을 지탱해 나가는 힘을 가진다. 인생그래프를 그려보았을 때, 자신의 인생에 있어서 마이너스를 기록한 사건은 무엇이고, 또 가장 플러스를 기록한 사건은 무엇인지 떠올려 보자. 그리고 이것을 통해 스스로가 성장하게 된 점에 주목해 보자. 과거를 되짚어 보는 과정은 나의 과거의 오점과 실패를 직면하고 '나는 이런 오류가 많은 인생을 살았구나' 하고 생각하기 위함이 아니다. 과거의 사건을 통해 현재를, 그리고 미래를 건강하게 살아갈 수 있는 전략을 짜고, 어려웠던 시간을 극복한 과거의 자신을 통해 이 힘을 기르기 위함이다. 앞으로 직면하는 새로운 고난과 시련 앞에서, 스스로를 믿는 힘은 힘든 시간을 헤쳐 나가는 거름이 될 것이다.

실용과
장식 사이

18세기 말, 서구 각지가 산업혁명을 겪으면서 미술을 바라보는 태도에 변화가 일어났다. 오랜 시간 공들여 작업을 해오던 장인의 영역이 기계에 의한 노동력으로 대체되는 현상이 일어났기 때문이다. 변화하는 사회의 움직임에 대처하기 위해 미술교육의 흐름도 달라질 수밖에 없었다. 프랑스는 지역 산업체의 필요성에 맞는 지방 예술원을 설립했고, 독일은 미술공예학교를 설립했다. 예술가들의 움직임도 달라졌다. 3D를 구현하려고 노력하던 전통적 회화의 방식을 벗어나 입체감이 점차 사라지고 배경과 인물도 단순화되었다. 프랑스의 인상주의 화가 폴 세잔을 시작으로 한 이런 움직임들은 구성을 해체하는 '신조형주의'에 이르게 되었고, 어느덧 새로운 미술의 중심이 되었다. "가장 실용적인 것이 가장 아름답다"는 독일의 미술학교 바우하우스의 미술 철학이 보여주듯, 미술계에서 장식성은 예스럽고 진부한 것이 되고 있었다.

하지만 그 반대의 움직임도 존재했다. 산업혁명과 대량 생산으로 인한 수공예의 위기 속에서 장식예술의 설 자리를 되찾기 위한 움직임이 있었다. 그 중심에 있던 인물 중 하나가 윌리엄 모리스(William Morris)

작가 미상, 〈여자와 유니콘〉, 15세기 말

이다. 영국의 공예가이자 시인이며 사상가이기도 했던 윌리엄 모리스는 영국의 비평가 존 러스킨의 영향으로 중세를 동경했고, 손으로 하나씩 장식적인 것들을 만들어냈던 예술의 가치를 부활시키려는 시도를 했다. 그리고 회화 역사에 있어서 가장 장식적인 예술가가 등장하게 된다. 구스타프 클림트(Gustav Klimt)가 그 주인공이다.

장식 속에 숨은 에로티시즘

클림트의 그림은 찬란한 황금빛 색채와 장식적인 문양이 주를 이루고 있다. 클림트가 이탈리아를 방문했을 때 그가 만난 것은 금과 같은 값비싼 재료를 활용한 중세의 화려하고 장식적인 회화였다. 이로 인해 모리스와 마찬가지로 장식적인 중세 미술로부터 영향을 받게 되고 그 기법을 자신의 작품에 도입한다. 작품 대부분의 주제는 여성, 성, 그리고 죽음에 관한 것이었다. 장식적이고 화려한 기법과 사랑스러운 이미지들은 대중들에게 낭만적으로 알려져 있지만, 상당히 관능적이고 성적인 요소들이 많다. 실제로도 수많은 여성들과 관계를 했고, 에로티시즘을 가장 잘 구현한 작가라고 이야기되고 있다.

클림트가 자주 그린 소재 중 하나는 구약성서에 등장하는 이스라엘 영웅 유디트이다. 앞서도 얘기한 적이 있지만, '유디트'를 바라보는 클림트의 시선은 다른 작가와는 달랐다. 대부분의 화가들이 유디트의 위대한 행동을 칭송하기 위해 그림을 그렸기에 당시의 사람들은 클림트의 그림에서 거부 반응을 느꼈다. 클림트의 그림 속 유디트는 관능적이고

구스타프 클림트, 〈유디트 II〉, 1909

퇴폐적이며, 살인에 대한 죄책감과 같은 인간적인 모습은 전혀 드러나지 않는다.

네모와 동그라미의 상징성

중세 미술은 상징과 알레고리의 미술이다. 알레고리는 한 대상을 설명하기 위해 다른 대상을 가져온 뒤, 둘 사이의 유사성을 적절히 암시하여 특징을 드러내는 수사법이다. 대상이 대상 그 자체가 아닌 다른 의미를 내포하고 있는 것이다. 〈수태고지〉는 천사 가브리엘이 동정녀 마리아에게 예수님을 잉태했다는 소식을 전하는 장면이다. 이때 그림 가운데 보이는 백합은 마리아의 동정과 순결을 의미한다. 비둘기는 성령을, 청자색 매발톱꽃은 후에 십자가에 못 박힌 그리스도의 죽음을 슬퍼하는 성모를 상징한다. 중세 미술의 알레고리는 현재까지도 꽃말, 탄생석, 별자리점 등과 같은 형태로 여전히 남아있다.

중세 미술의 영향을 받은 클림트는 그림 속에 자신만의 알레고리를 만들어 그려냈다. 성적인 주제가 주를 이루었던 그의 그림에서 네모는 남성성을, 동그라미는 여성성을 의미한다. 이는 그의 작품 〈다나에〉에서도 잘 드러난다.

다나에는 그리스 신화에서 아르고스의 왕 아크리시우스의 공주이다. 왕은 딸이 낳은 아이가 자신을 죽이게 될 것이라는 신탁을 받자, 공주가 어떤 남자도 만나지 못하도록 철탑에 가두었다. 다나에는 상당히 아름다운 여인이었는데, 이 소문을 들은 제우스는 황금색 비의 모습으

시모네 마르티니, 〈수태고지〉, 1333

로 철탑에 스며들어 그녀를 만난다.

클림트는 제우스가 다나에와 사랑에 빠져 동침하는 모습을 상상하여 그림으로 그렸다. 일반적인 그림과는 다르게 정사각형의 캔버스를 선택한 클림트는 마치 다나에가 캔버스에 갇혀있는 것처럼 웅크린 모습으로 표현했다. 금발머리를 늘어뜨린 육감적인 허벅지 사이로 황금비로 변한 제우스가 폭포처럼 흘러내리고, 처음으로 남자를 받아들이는 순간

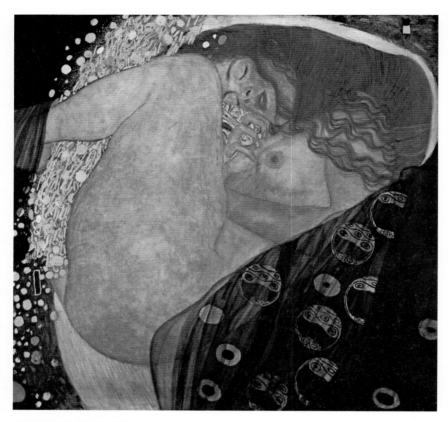

구스타프 클림트, 〈다나에〉, 1908

을 금색과 네모난 형상이라는 상징적인 모습으로 나타냈다. 다나에의 두 뺨은 붉게 상기되어 있고, 입술은 살짝 벌린 채 황홀해하고 있다. 폭포수처럼 흘러내린 금빛 밑에는 사각형들이 보이며, 정사각형의 캔버스도 철탑이자 남성성을 상징하고 있다. 다나에를 살짝 가리고 있는 비단에는 여성성의 상징인 동그라미가 그려져 있다. 아버지가 만들어놓은 족쇄에서 벗어나 처음으로 남성을 받아들이는 성스럽고 아름다운 여성의 모습이다.

키스의 알레고리

예술 작품이 상품화된 정도가 작품의 성공을 이야기하는 척도가 된다면 클림트의 〈키스〉는 세계에서 가장 성공한 그림 중 하나일 것이다. 작품 〈키스〉는 양귀비꽃이 활짝 핀 절벽 끝에서 키스를 나누는 두 남녀를 그려냈다. 금빛에 과장된 장식이 입혀져 있지만 지나치다는 생각이 들지 않을 정도로 아름답다.

이 작품에서 클림트는 남성성을 상징하는 네모와 여성성을 상징하는 동그라미의 알레고리를 극명하게 보여주고 있다. 남성의 몸에 가득 찬 네모가 여성의 어깨 아래 부분에서 여성의 몸속으로 들어가고 있다. 다나에와 마찬가지로 직접적으로 성행위를 하는 모습을 그려내지는 않았지만 두 남녀가 관계를 가지는 것을 표현한다. 황홀경을 느끼는 표정의 여성은 남성을 고스란히 받아들이고 있다. 그러나 남성과 여성의 머리에 씌워져 있는 화관은 두 사람의 행위를 성스럽게 보이도록 만들고 있다.

키스가 세계적인 사랑을 받는 이유는 아름다운 남녀의 사랑 이야기를 담고 있기 때문만은 아니다. 맨발을 절벽 끝에 디디며 무릎을 꿇고 있는 여성은 자칫 위험하고 불안정해 보이기까지 하는데, 이렇게 에로티

구스타프 클림트, 〈키스〉, 1908

시즘을 극대화시켜서 긴장감과 황홀감을 담은 금빛의 키스를 완성시킨 때문이다.

실용적인 것도 장식적인 것도 아름답다

실용적인 것과 장식적인 것 중 더 중요한 요소란 존재하지 않는다. 가장 실용적인 것이 가장 아름답다는 문장이 참이라면 디자인은 존재할 의미가 없을 것이다. 아무것도 없는 텅 빈 벽에 그림을 거는 것은 어떤 실용적 목적도 채워지지 않는다. 굿즈나 피규어는 존재가치가 없고, 가방도 튼튼하고 많이 담을 수 있는 것을 선택해야 할 것이다. 여행이나 연애, 결혼 등은 가장 가성비가 떨어지는 행위가 아닐까?

기능적이고 실용적인 것은 반드시 필요한 요소이나 토기에 빗살무늬를 넣는 그 순간부터 인간은 장식성을 추구해 왔다. 그리고 장식에 자신의 주관적 의미를 부여하는 알레고리의 연결체계를 만들어나간다. 사랑하는 사람이 선물해 준 반지는 실용성은 없지만 손가락을 더 빛나게 만들어주며, 영원한 사랑의 약속이라는 상징성이 부여된다. 피규어 모형은 공간을 차지하는 플라스틱 덩어리가 아니라 열심히 일한 나에게 주는 선물이다. 특정 브랜드에서 주는 긍정적 이미지를 공유하기 위해 고가의 시계나 가방을 구매하기도 한다.

심미성만이 고려된 기능이 좋지 않은 대상을 선택하는 것은 1900년도 초반에는 바보 같은 행동으로 여겨졌지만, 자동화된 시스템이 있음에도 불구하고 사람들은 돈을 들여 수동식 자동차를 사거나 아날로그식 제품들을 구매한다. 대인관계에서도 마찬가지이다. 우리는 누군가를 만날 때 나에게 이득이 되는 사람만을 만나고 살지 않는다. 함께 있을 때 즐겁고, 추억을 공유할 수 있는 누군가는 나의 삶을 한 단계 더 윤택하게 만들어준다. 이 윤택함이 삶의 장식이다. 일하고 저축하고 필요한 것만을 소비하는 삶은 기능성이 높은 삶이지만, 즐거움이 필요한 상황에서 우리는 플랫함을 장식해 줄 여행, 취미, 만남, 사랑을 찾는다. 일의 능률을 높이고 돈을 잘 버는 실용성과 삶을 즐겁고 움직이게 만들어주는 장식성. 이 둘이 현명하게 어우러진다면 자신의 삶에 가장 이상적인 균형점을 찾을 수 있을 것이다. 실용적인 것도, 장식적인 것도 모두 아름답다.

"사람은 마음먹은 만큼 행복해진다."

_에이브러햄 링컨

이미지 출처

- 185쪽 : 카미유 클로델, 〈사쿤탈라〉
photo © Pierre André Leclercq / Wikimedia Commons / CC BY-SA 4.0

- 186쪽 : 오귀스트 로댕, 〈키스〉
photo © Tylwyth Eldar / Wikimedia Commons / CC BY-SA 4.0

- 187쪽 : 카미유 클로델, 〈중년〉
photo © Pierre André Leclercq / Wikimedia Commons / CC BY-SA 4.0

- 214쪽 : 모드 루이스의 집
이미지 제공_게티이미지코리아

- 235쪽 : 조르주 브라크, 〈에스타크의 집들〉
© Georges Braque / ADAGP, Paris – SACK, Seoul, 2021 / 이미지 제공_게티이미지코리아

- 237쪽 : 파블로 피카소, 〈아비뇽의 처녀들〉
© 2021 - Succession Pablo Picasso - SACK (Korea) / 이미지 제공_게티이미지코리아

- 244쪽 : 프리다 칼로, 〈부러진 기둥〉
이미지 제공_게티이미지코리아

- 246쪽 : 프리다 칼로, 〈프리다와 디에고 리베라〉
이미지 제공_게티이미지코리아

- 248쪽 : 프리다 칼로, 〈헨리포드 병원〉
이미지 제공_게티이미지코리아

- 250쪽 : 프리다 칼로, 〈단지 몇 번 찔렀을 뿐〉
이미지 제공_게티이미지코리아

- 252쪽 : 프리다 칼로, 〈우주, 대지, 디에고, 나, 그리고 세뇨르 솔로틀의 사랑의 포옹〉
이미지 제공_게티이미지코리아

마음챙김 미술관

1판 1쇄 인쇄 2022년 3월 2일
1판 1쇄 발행 2022년 3월 12일

지은이   김소울

발행인   황민호
본부장   박정훈
책임편집   김순란
기획편집   강경양 한지은 김사라
마케팅   조안나 이유진 이나경
국제판권   이주은
제작   심상운

발행처   대원씨아이㈜
주소   서울특별시 용산구 한강대로15길 9-12
전화   (02)2071-2017
팩스   (02)749-2105
등록   제3-563호
등록일자   1992년 5월 11일

ISBN   979-11-92290-27-0 (03180)